Original en couleur

NF Z 43-120-8

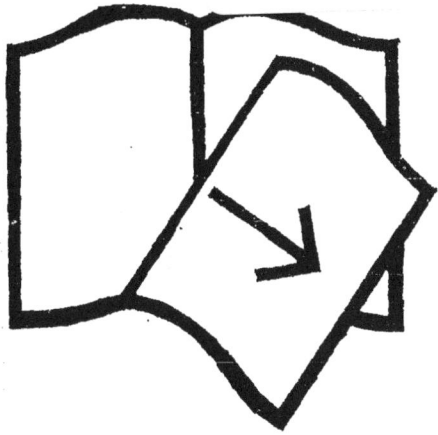

Couverture inférieure manquante

RECUEIL DES CHARTES

DE L'ABBAYE DE NOTRE-DAME

DE

CHEMINON

PUBLIÉES POUR LA PREMIÈRE FOIS ET ANNOTÉES
D'APRÈS LES ORIGINAUX CONSERVÉS AUX ARCHIVES DE LA MARNE

PAR

Le Comte E. de BARTHÉLEMY

PARIS

CHAMPION, LIBRAIRE

15, Quai Malaquais, 15

1883

RECUEIL DES CHARTES

DE

L'ABBAYE DE NOTRE-DAME DE CHEMINON

Arcis-sur-Aube. — Imprimerie de la *Revue de Champagne et de Brie.*

RECUEIL DES CHARTES

DE L'ABBAYE DE NOTRE-DAME

DE

CHEMINON

PUBLIÉES POUR LA PREMIÈRE FOIS ET ANNOTÉES
D'APRÈS LES ORIGINAUX CONSERVÉS AUX ARCHIVES DE LA MARNE

PAR

LE COMTE E. DE BARTHÉLEMY

PARIS

CHAMPION, LIBRAIRE

13, Quai Malaquais, 13

1883

Nous croyons faire une œuvre utile pour l'histoire de la Champagne, et particulièrement pour celle du Perthois, en publiant le recueil des chartes de l'abbaye de Cheminon, un des monastères cisterciens les plus considérables de notre province. Ce recueil comprend plus de 400 chartes, depuis l'année 1100 jusqu'à l'année 1387, mais dont la plupart concernent exclusivement les XIIe et XIIIe siècles : elles sont absolument inédites, car nous avons été le premier à les lire depuis l'époque où les moines les déposèrent dans leur chartrier. Toutes ces chartes étaient encore roulées et ficelées sans qu'aucune main y eût certainement touché depuis des siècles.

A de très rares exceptions, pour ne pas grossir démesurément ce recueil, nous avons seulement analysé ces documents, mais en ayant constamment le soin de relever tous les noms de personnes ou de lieux qui s'y rencontraient. Ce recueil rendra donc le service le plus sérieux pour la topographie et pour l'histoire féodale du Perthois, car toutes les familles nobles de la contrée se plurent à se montrer très généreuses envers Cheminon : nous avons donc pu y trouver des éléments précieux pour reconstituer les généalogies de la plupart de ces familles, absolument ignorées jusqu'à ce jour. Les moines avaient eu la précaution, en roulant leurs chartes, d'envelopper dans de

1

petits sacs de parchemin remplis d'étoupe et soigneusement
cousus, les sceaux, de sorte que nous avons pu retrouver
les blasons de toutes ces vieilles maisons de notre aristo-
cratie terrienne. Nous avons exactement décrit chacun de
ces sceaux, dont nous reproduisons en outre les plus remar-
quables.

Les archives de l'abbaye sont conservées dans le dépôt
des archives de la Marne à Châlons, où elles forment 36
liasses, dont suit le sommaire détaillé :

Iʳᵉ liasse : Titres généraux, xɪɪᵉ siècle.

IIᵉ — Traités intervenus entre l'abbaye et les habitants de Cheminon-la-Ville, touchant les usages, de 1482 à
1489. — Etat de la mense conventuelle en 1726 [1] — Partage
des biens de l'abbaye entre l'abbé et les religieux par arrêt du
Grand Conseil du 22 août 1692 ; Déclaration des droits et revenus temporels de l'abbaye, dressée et remise à l'admodia-
teur, le 24 août 1566. (Gros registre in-4º).

IIIᵉ — Titres du moulin de Maurupt depuis 1235, et acte
de l'amortissement accordé par l'évêque de Châlons. — Titres
des maisons, tuilerie, prés et d'autres biens au même lieu, 1627.

IVᵉ — Titres des moulins Forgeot : — Coutumes de Maurupt, xvᵉ siècle.

Vᵉ — Pièces concernant les usages de Cheminon-la-Ville,
xvᵉ siècle.

VIᵉ — Titres de la ferme de St-Quentin, baux, etc. xɪɪɪᵉ —
xvɪᵉ siècles [2].

VIIᵉ — Suite de la liasse précédente.

1. Recettes en argent : 6940 l. 5 sous, 6 deniers.
en grains 514 septiers : (334 de blé, 180 d'avoine).
Redevances et mises de fond :
en argent : 6031 livres, 17 sous.
en grains : 325 septiers (175 en blé, 150 en avoine).

2. Il y a dans cette liasse une charte de l'évêque de Metz portant vente
de cette ferme en 1569, par les commissaires pontificaux, avec un très-beau
sceau de ce prélat.

VIIIe — Titres des moulins, prés, étangs à Cheminon et sur la Saulx, xIII^e siècle.

IXe — Ferme de Renaudval, xvI^e siècle.

X^e — Ferme du Bruant, xvI^e siècle.

XIe — Titres divers des bois, usages, etc., de l'abbaye, xII^e siècle.

XIIe — Maison à St-Dizier, xve siècle.

XIIIe — Moulin de Brusson-les-Forges et autres fermes audit lieu, dites de la cité, etc..., xve siècle.

XIVe — Fermes à Andernay, Contrisson, xve siècle, Cosle et Loge-Collotte (à Cheminon), xII^e siècle.

XVe — Fermes du Pont-de-Fer, xvI^e siècle, des Clausels, xvII^e siècle, de la Verrerie (à Cheminon, xvIII^e siècle), de la Ménagerie (à Cheminon, xvI^e siècle), de Morillonvoye à Maurupt, xII^e siècle.

XVIe — Fermes de Haut-et-Bas Bossu, xvI^e siècle, de Bredey, xvI^e siècle ; du Montoy, xvIII^e siècle ; de la Porte, (xvII^e siècle) ; de la Caure, (xvII^e siècle) ; de la Motte-Brouillard.

XVIIe — Moulins, terres et prés à Ponthion, xIV^e siècle [1].

XVIIIe — Ferme de Beaumont, xII^e siècle [2].

XIXe — Ferme de Tournay, xII^e siècle.

XXe — Titres des dîmes et héritages appartenant à la cure de Cheminon-la-Ville, xIII^e siècle.

XXIe — Titres des terres, prés, vignes, pressoirs et fours bannaux sis à Cheminon-la-Ville, xIII^e siècle.

XXIIe — Lettres de terriers, baux généraux, baux des moulins, sis à Cheminon-la-Ville, xvII^e siècle.

XXIIIe — Vente des coupes de bois : maisons à Cheminon-la-Ville, contrats de ventes, xvII^e siècle.

XXIVe — (Sic) Procès-verbaux de visite : — réparations à l'église et aux bâtiments, réceptions de travaux, xvII^e siècle.

XXXIVe — (Sic) Anciens comptes des recettes et dépenses.

1. Cette terre appartenait en 1555, à M. de Géresme.
2. Avec un acte de vente et retrait de cette ferme en 1584.

XXXV° — Autres comptes des années 1788-1790.

XXXVI° — Dîmes d'Etrepy, Bignicourt, Cheminon, le Montois, Saint-Lumier-le-Populeux, Blesmes, Scrupt, XII° siècle.

XXXVII° — Dîmes de Pargny, Haussignémont, le Boschet, Saint-Lumier-en-Champagne (1246), Lisse XII°-XIII° siècles.

XXXVIII° — Dîmes de Coole.

XXXIX° — Lettres d'ordination de religieux ; — lettres de profession ; — admission d'oblats (1626-1669). Succession de François Vitry, laboureur à Brangeon, XVII° siècle, titres des dîmes de Blesmes, Scrupt et Reims-la-Brûlée.

XL° — Donation de Mme de Lanzou (1616).

XLI° — Moulin du Buisson : cens sur la Chalade, Cheppes, Togny, dîmes de Mognéville et Robert-Espagne.

XLII° — Rente de 8 septiers de blé-avoine sur la seigneurie de Maucourt.

XLIII° — Procédures diverses.

XLIV° — id.

XLV° — Cahiers contenant les copies des privilèges de l'abbaye, bulles, chartes principales, ordonnances, divers mémoires sur l'ordre de Citaux.

Outre les chartes dont nous venons de parler, le chartrier de Cheminon renferme deux documents de la plus haute importance qui complètent notre œuvre :

C'est d'abord le répertoire de tous les instruments, par ordre de matières, dressé au XIII° siècle, en 24 chapitres, évidemment en vue de la confection d'un cartulaire : ce répertoire est écrit en belle écriture, avec lettres richement ornées pour numéroter chaque chapitre, sur deux feuilles de parchemin grand in-folio, à deux colonnes. Il nous fournit donc le relevé exact de toutes les chartes de Cheminon et nous permet de la sorte de combler, au moins partiellement, les lacunes que nous avons constatées, car évidemment le chartrier a subi des pertes sensibles; plus d'une fois le hasard des ventes nous a fait retrouver des pièces des xii° et xiii° siècles en provenant.

Le second document est un cartulaire en parchemin, petit in-folio, formant quatre cahiers : le premier de 16 feuillets du xii° siècle ; un de 21 feuillets, xiii° siècle, avec majuscules rouges; un de 7 feuillets, même date, mais écriture moins belle ; un dernier de 22 feuillets, fin du même siècle, écriture plus petite ; et 2 feuillets de table. Toutes les chartes qui y sont transcrites, remontent au xii° siècle. Nous les reproduisons en appendice, soigneusement analysées, sans en retrancher même les pièces faisant double emploi, comme document complémentaire indispensable.

Courmelois, 1er octobre 1882.

NOTICE SUR L'ABBAYE .

Philippe, fils du comte de Champagne, et évêque de Châlons, mourut en 1100, après avoir fait jurer à son frère, le comte Hugues, de fonder dans son diocèse une abbaye pour y perpétuer sa mémoire. Hugues tint à remplir sans retard cet engagement, et il choisit près des frontières du Barrois, sur les bords de la Bruxenelle, au bas d'un coteau, au milieu de la forêt de Luiz, un emplacement qui lui parut très favorable. Ce bois se trouvait partagé entre le chapitre de Compiègne, Isembart, chevalier de Vitry, Dodon, fils de Hubert, chevalier, Richer de Ponthion et Lambert de Blesmes, vassaux du comte, qui n'eût pas de peine à les décider à se dessaisir de leurs domaines pour remplir son pieux dessein. Hugues appela aussitôt une colonie de chanoines réguliers de l'abbaye de Saint-Nicolas d'Arrouaise, près de Péronne sous la direction du frère Alard, avec le titre de prévôt. Il leur abandonna tous les bois qu'il venait d'obtenir, avec les eaux, la haute, moyenne et basse justice, « cum aquâ, banno, dominiis et justicia, seu ceteris usibus in perpetuum, » selon les termes de l'acte de fondation. Les années 1101 et 1102 furent employées à construire le monastère et à commencer l'église. Le comte y apporta un grand zèle et s'empressa de poursuivre la concession d'une bulle du pape Paschal II, approuvant la création de l'abbaye qui reçut le nom de Notre-Dame de Cheminon, en reconnaissant pour fondateur l'évêque Philippe, le comte Hugues et leur mère la comtesse Adelaïde. L'Eglise fut terminée en 1110 et sa dédicace donna lieu à une cérémonie solennelle. Le comte se rendit à Cheminon avec toute sa cour : il y remit entre les mains du cardinal-légat, Richard d'Albano, le diplôme par lequel il plaçait Cheminon pour toujours sous la protection du Saint-Siège, à charge d'une rente de dix sols, monnaie de Châlons, payable au profit de l'église de Saint-Jean de Latran. En même temps Hugues promulgua deux autres chartes : par l'une, il donnait au monastère le fief de Beaumont avec le droit seigneurial ; par l'autre, il décrétait la fondation d'un village sous la suzeraineté de l'abbaye[1]. En peu de temps, un nombre considérable de maisons furent élevées sur le penchant de la colline et une église y fut construite, car dès 1178, nous y trouvons la mention d'un curé. A cette époque, les moines possédaient sur ce territoire la grange de Beaumont avec 480 arpents ; celle de la Corre, avec 250 ; celles de Bredey, de Bruant, de Brusson et du Feys. Une grave difficulté cependant avait menacé presqu'au début la nouvelle abbaye. En 1113, le siège de Châlons fut donné à Guillaume de Champeaux, qui, bien qu'ancien chanoine régulier, tourmenta ses frères de Cheminon au sujet de leur exemption de sa juridiction épiscopale. Ils durent s'adresser au pape Calixte III, alors à Beauvais, et le pape cita Guillaume devant un Tribunal composé de six cardinaux et de quatre évèques, qui le condamnèrent à reconnaître ses torts; mais, en échange de sa soumission, le Saint-Père, tout en conservant au Saint-Siège la propriété, la protection et la juridiction de Cheminon, abandonna à l'évêque l'institution des clercs du monastère, la distribution *gratuite* des saintes huiles et le droit d'approbation pour les prêtres pourvus de bénéfices par l'abbé.

C'est à ce moment que parut saint Bernard et qu'avec lui l'ordre de Cîteaux prit un si vif éclat. Guy venait de succéder comme prévôt à Alard, mais, d'accord avec ses chanoines, il ne tarda pas à se rattacher à la règle cistercienne et il sollicita en conséquence la réunion de sa maison sous la filiation de l'abbaye voisine de Trois-Fontaines, qui, fondée en 1116, tout près de Cheminon, avait rapidement pris un prodigieux déve-

1. Les auteurs du *Gallia christiana* présentent différemment les origines de l'abbaye. Selon eux, Albéric et Alard vinrent se retirer du monde avec quelques compagnons dans la forêt de Luiz, du consentement du comte de Champagne et de sa mère, et y élevèrent un oratoire dédié au Saint-Sauveur, et se rattachant à l'abbaye d'Arrouaise. Quelques années après, le comte aurait augmenté leur dot par le don d'un bien auquel on imposa le nom de Cheminon et le monastère prit alors sa vaste extension. L'étude des chartes du cartulaire démontre que notre version est évidemment la véritable.

loppement [1]. Saint Bernard se trouvait alors à Rome : accueil lant ces ouvertures avec empressement, il obtint une bulle en ce sens, datée du 13 des calendes de Mars 1137. La direction de l'abbaye fut alors confiée à Hugues qui eut pour successeur vers 1162, Robert, chantre de Clairvaux.

Ce changement de régime porta singulièrement bonheur à Cheminon et le nombre des religieux s'accrut d'une façon si considérable, que sous l'abbatiat de Pierre (1246-1254), une ordonnance de l'abbé de Trois-Fontaines décida qu'à l'avenir il ne pourrait y avoir à Cheminon que 60 moines et 140 convers : ceux qui se trouveraient en surplus devaient aller former des colonies à l'extérieur. Les chartes que nous publions témoignent de l'ardeur avec lesquelles toute la noblesse du Perthois s'empressa de rivaliser de générosité à l'égard de la fondation de notre évêque Philippe. Nous y voyons figurer en première ligne les comtes de Champagne, puis les comtes de Dampierre, les seigneurs de Dampierre-Saint-Dizier, et leurs descendants, les comtes de Flandre, les comtes de Pont-à-Mousson (Monthion), les seigneurs d'Amance, de Baïarne, d'Estrepy, du Plessis, de Ponthion, d'Arzillières, de Luxémont, de Possesse, de Garlande, de Robert-Espagne, les châtelains de Vitry. Henry Ier, comte de Champagne, rapporta

1. Trois-Fontaines portait le titre de première fille de Clairvaux, et devait sa fondation à saint Bernard lui-même, avec le concours de Hugues de Vitry, du chapitre de Compiègne, des abbés de Cluny et de Saint-Pierre-au-Mont. Le comte de Champagne approuva cette érection en 1116, et les moines s'y installèrent deux ans après. En 1137, six abbayes se reconnaissent déjà pour ses filles : Cheminon, Monstier-en-Argonne, Haute-Fontaine, la Chalade, Châtillon et Orval. Ses possessions s'étendaient à Alliancelles, Andernay, Arzillières, Aulnay, Bazincourt, Brandovilliers, les deux Bettancourt, Robert-Espagne, Blesme, Brillon, Brionne, Châlons, Charmont, Cheminon, Combles, Contrisson, Coupeville, Couvrot, Culey, Doucey, Drouilly, Eclaron, Ecrionne, Frignicourt, les deux Heiltz, Jellacourt, Gerrey, Gondrecourt, Lavincourt, Louvemont, Mailly, Maupas, Mognéville, Moncel, La Neuville-sur-Orne, Perthes, Plichancourt, Ponthion, Parguy, Rancières, Rancourt, Revigny, Rozoy, St-Dizier, St-Eulien, Saint-Jean-sur-Moivre, Saint-Lumier, Saint-Vrain, Sommelogne, Tronville, Vanault, Vassincourt, Vauclerc, Ville-sur-Saulx, Villers-en-Lieu, Villers-le-Sec, Villers-le-Chêne, Vilotte, Vitry-le-Brûlé, Vrainville, Wussy.

de Terre-Sainte à l'abbaye des reliques, et, d'après l'inventaire du mobilier dressé en 1509, « ung beau calice de vermeil très bien travaillé « et où il est escript plusieurs fois autour du pied : DIEV RECORS. »

La richesse de Cheminon porta ombrage à sa « mère » l'abbaye de Trois-Fontaines, distante de la première de quelques kilomètres seulement, et de nombreuses contestations résultèrent de la proximité de leurs propriétés : le chartrier renferme de fréquents accords à ce sujet. Il en fut de même avec le prieuré d'Ulmoy et surtout avec celui de Sermaize, dont les biens confinaient sur de nombreux points à ceux de Cheminon : mais c'est encore avec les habitants même du village que les religieux eurent les démêlés les plus pénibles. A plusieurs reprises, ces bourgeois cherchèrent à s'affranchir de toute servitude : en 1269, notamment, de celle du droit de main-morte, ce qui leur fut consenti en 1308 : en 1374, ils s'imaginèrent de refuser les dîmes des arbres à fruits : et ils obtinrent une sentence du bailly de Vitry qui leur accorda, à cause de la dureté des temps, cette exemption totale pour cinq ans, et pour l'avenir la franchise de dix arbres par arpent : ils voulurent ensuite (1405), s'emparer de portions de bois où ils avaient seulement l'usage. D'autres conflits furent suscités par eux en 1482 et en 1489 et chaque fois l'abbaye perdit quelque chose de ses prérogatives. Déjà, en 1335, l'abbé de Trois-Fontaines, dans sa visite réglementaire, avait dû réduire le nombre des religieux de Cheminon à 20 moines et 8 novices seulement. Un arrêt du Conseil sous Louis XII défendit aux habitants de renouveler leurs réclamations et de ne plus rien entreprendre contre le monastère, sous peine de cent marcs d'argent à la charge de la communauté, mais cette mesure vint trop tard. Bien que les guerres n'aient pas causé de préjudice à l'abbaye, sa prospérité avait rapidement décliné depuis le milieu du xv° siècle : les donations avaient complètement cessé tandis que les procès se multipliaient. Le procès-verbal de la visite faite en 1503 par Jacques de Pontaillé, abbé général de Citeaux, constate cette triste situation que détaille l'abbé de Trois-Fontaines dans sa visite du 15 novembre 1508.

« Nos frater Johannes abbas de Tribus fontibus, Cisterciencis ordinis, in diocesi Cathalaunensi, die decima nova mensis novembris, anno domini millesimo quingentesimo octavo, auctoritate nostra paterna visitantes et pro viribus reformantes monasterium de Cheminone eorumdem ordinis et diocesis nobis ratione nostræ superioritatis immediate subjectum, inventarium bonorum mobilium ipsius monasterii in predicto monasterio in morte domini Marci nuper abbatis inventorum et debitorum per ipsum factum de quibus plenam declarationem tunc habere non potuimus et usque nunc illa ratione predictum inventarium facere distulimus propenso sollicitudinis scrutinio fecimus. Et primo in sacrista dicti monasterii reperimus calices argentei quinque quorum tres sunt de aurati cum patenis et coclearibus. Urceoli stannei octo et unus ex matta. Discus stanneus pro altari. Cadelabra cuprea pro altari duo. Corporalia tam bona quam vetera XXII. Cappas duas. Casullas tam bonas quam veteres undecim. Draginaticas quatuor. Tunic totidem. Pallas altaris sexaginta. Tapetum ad parandum altare, et unum pro mortuis. Quinque linthea seu mappæ pro pulpitis. Thuribulum cupreum. Albas bonas XII et duodecim veteres. Amictus XXX. Manutergia LVIII. Missalia papirea impressa quatuor. Missalia in pergameno tria. Tria dimidia tempora in pergameno. Librum evangeliorum. Librum epistolorum. Gradalia tria. Antiphonaria integra duo. Tria dimidia antiphonaria. Legendarum estalis. Legendarium hiemis. Breviaria grossa in pergameno duo. Collectaria duo, Ordinarium in pergameno. Ordinarium papireum impressum. — In domo abbatiali tam pro abbate quam religiosis et hospitibus reperimus centum quinquaginta libras de stanno invasis fere inutilibus, et triginta libras de matta. Pelves rotundas ad manus lavandas tres. Lavatoria tria. Aquariam cupream. Urinale cupreum. Cacabos quinque. Pelvem cum cauda cupream. Pelves sine cauda cupreas tres. Albam magnam cupream et tres parvas etiam cupreas. Ollas ferreas sex. Patellas ferreas tres. Ypiporgia alias chemino XII. Buffeta tria. Scrinia quinque. Mansas septem. Stanna septem. Scabella XII. In diversis vasis cupreis, pina, ollis, patellis etaliis pro octo francis. Lecta plumea tam magna quam parva, tam in camera abbatiali quam in aula contigua quatuor. Item illic lodices tres. Item illic cooperturas duas. Item ibidem pulvinaria quatuor. Capitegia XII. In aliis diversis locis lecta cum suis capitalibus XIIII. Item coopertoria quatuor. Lintheamina quatuor duodenas. Mappas operatas XII. Mappas non operatas XVIII. Manutergia longa operata tria. Mappas buffetorum tres. Manutergia non operata duo. Manutergia operata parva quatuor duodenas, et totidem non operata. Duo coclearia argentea. Unam parvam peciem auri valoris sex solidorum. Unum duplum testonem valoris XVIII solidorum turonensium. In animalibus vacas lactiferas XXXIII. Boves duorum aut trium annorum decem. Vitulos utriusque sexus unius anni XX. Item vitulos XI. Equos septem. Equas quinque. Pullos quinque. Porcos tam magnos quam parvos LX. In vino quinque modia. In granis in frumento sextaria XX. In siligine sextaria decem. In avena XL sextaria. In naveta sextaria tria. In granis sextaria tria. Currus quatuor. Bigas duas. Vehicula sex. Aratra tria. Rastia sex. In messe propius XXX jornalia frumenti, XX avenæ, duo navete, duo fabarum, unum pisorum. In vitibus collectæ sunt novem caude vini. Item debebantur predicto Abbati Marco per curatum de Cheminone XL. Libras Turonenses, per Karalum du Fay VII l. Per Christianum Robinet de Coola XII l. Per admodiatores de Tournay pro appreciatione frumenti et avene XXX l. Per admodiatores de Beaulmont XVI l. Per Gerardum Patrot XX s. Somma totalis denariorum eidem domno Marco debitorum centum quinque libre Turonenses. Item reperimus monasterium debitis sequentibus oneratum, videlicet monasterio de Tribus Fontibus CL libris, Johanny Lestoc IIIIxxV lib., Joachim Husson de Sancto Desiderio XXV l. Leoni Morel VI l. Vidue Johannis Geron VI solidis, Johanni Regnauld de Vitriaco XXX l. Scribe de Vitriaco XL sol. Johanni Hintier clienti regio XIII lib. Magistro Nicolao Haale notario XXX sol. Collesonno Martin servienti ex notario regio XL sol. Simoni Colart XL sol. Guillelmo Leprince VII lib. Tabellionno de Vitriaco X sol. Stephano Camus provineis X lib. Matheo Viticole de Vitriaco IV

lib. VI sol. Claudio le Vault XX sol. Jaquemino Jacobe X sol.
Johanni Davise de Cathalauno XXXIIII sol VI den. Johanni
de Vetz X l. Magistro Petro de Thuysy LV sol. Hussoni Ton-
sori XXX lib. Domino Caralilon LI lib. X sol. Bedello XXV
lib. Turon. Figulo de Vitriaco LX sol. Domino de Albarippa
VII lib. VI sol. VII den. Johanni de Maulgré VI lib. Magistro Johanni Hurel VIII lib. XV sol. Johanni de Sarrey L sol.
Jacebo le Saulvaix XXIIII sol. V den. Rotaria ecclesie IIII
lib. Fabro VIII lib. Carpentario XIX lib. Petro de Rostud XX
sol. Turenens. Calceario VIII lib. X sol. Cordifero VIII sol.
IV den. Jumentario XXX sol. Lenigatorio V sol. Fructario
XL sol. Reginaldo de Maulxii XXX sol. Servitori abbatis VII
lib. Aurige IIII lib. Fratri Symoni le Noir LXX sol. VIII den.
Panifero seu pistori XIV sol. Pastoribus porcorum LX sol.
Johanni de Bouncheul XL sol. Domino abbati de Insula LXX
sol. Diversis personis opidii de Cheminone villa XII lib. Pari-
sii pro processibus antiquis XXX lib. Summa totalis debitorum
suprascriptorum est sexcentum duodecim librarum octo denariorum turenensium. Item dictus Marcus vendidit redditum
molendini de Ponthion videlicet XXX sex. frumenti, ducenta-
rum librarum canapi III librarum cere et unius libre spene-
rum? pro quatuor annis absque annis jam preteritis pro quo
recepit centum libras Turorensium. Item vendidit principale
stangnum monasterii pro tribus annis et recepit centum aureas
solares ut in litteris super hoc confectis latius continetur.
Item a religiosis dicti monasterii per scrutinum nostrum intel-
leximus predictum dominum Marcum novissime Parisium
importasse centum et quinquaginta aureas solidos. Item frater
Symon Lenoir cellerarius misit ei a recessu suo centum viginti
quinque libras Turonensium. Quod inventarium venerabili et
in Christo nobis percarissimo coabbati nostro domino Ludovico
abbati dicti Monasterii de Cheminone dedimus, in quorum
omnem fidem et testimonium presentes litteras nostri et conventus dicti loci sigillorum fecimus appensione muniri, die,
anno et loco supradictis[1]. » (19 novembre 1508).

1. Le sceau de l'abbaye manque, il ne reste que celui de l'abbé de Trois-
Fontaines. — Un religieux dans une niche gothique, tenant une fleur et sa
tige, et un livre. S.I.......ABB.......BVS.FONTIBVS.

En 1530, l'abbé de Rancières conclut un bail qui constate pour l'abbaye les seuls revenus suivants : 1,400 septiers de grains ; 200 livres pour les bois ; 200 pour les étangs et 600 pour diverses recettes. Il y avait déjà cependant un mouvement de réaction favorable, car le nombre des religieux était monté à trente. Le même abbé fit faire des travaux importants à l'église ; le pignon avec deux verrières, le pavage, les stalles avec les lambris, le grand crucifix ; ainsi qu'aux bâtiments : les deux cuisines, les couvertures, la boucherie, les murs du jardin, le moulin « à grands frais. »

Il n'y a aucun événement à mentionner dans les annales de l'abbaye de Cheminon, aucune attaque de la part des bandes armées qui cependant désolèrent fréquemment le Perthois. Elle fut constamment gouvernée par des abbés sages et prudents. L'établissement de la réforme la releva et lui rendit un certain éclat, auquel ne furent pas étrangers les quatre princes Lorrains qui s'y succédèrent de 1586 à 1640 : le premier cardinal, Henri, Charles et François, évêque de Verdun.

Un déplorable accident signala l'année 1628. Le 17 avril un orage terrible « magna tempestas, dit une chronique, cœlo horribiliter *tonante*, » éclata dans la journée et la foudre mit au clocher de l'église le feu qui se propagea rapidement et détruisit en grande partie le monastère, dont la plupart des bâtiments étaient construits principalement en planches. On se hâta de rebâtir l'abbaye sur un nouveau plan. Henri Clausse, évêque de Châlons, vint le 17 avril 1639 consacrer l'édifice.

Nous avons trouvé dans le chartrier de Cheminon des documents importants pour établir sa situation dans les derniers temps de son existence ; nous croyons utile de les reproduire ici.

État des charges conventuelles de l'abbaye de Cheminon, présenté le 9 mai 1648 :

LUMINAIRE DES MESSES ET OFFICES

Aux fêtes les plus solennelles, on allume le matin, grande messe, vêpres et complies,

cierges de cire blanche (sauf aux *cinq* offices des morts qu'ils sont jaunes) de 1/2 l. chaque   47 l.

Pour la cire blanche devant l'autel du St-Sacrement à la Fête Dieu et Jeudi Saint, chaque au moins....................   12   19   4

Pour les messes, vêpres et complies des dimanches et fêtes ordinaires on allume 4 cierges de 2/3 de livre......................   72

Pour Noel et Dédicace, luminaire extraordinaire où on allume chaque jour 100 à 120 cierges.............................   19   4

Cierge pascal à 5 l....................   8

Pour les cierges......................   16

Messes conventuelles et des prêtres étrangers...........................   285   10

A cause du grand autel où l'on n'emploie que de la cire blanche...................   34

Pour 2 cierges allumés chaque jour au grand autel, au salut des complies pour le Salve Regina........................   38   8

Pour 2 lampes à l'église et au dortoir.....   60

Pour les chandelles des offices de nuit où il y en a toujours 5 allumées   42

Pour les chandelles des messes en hiver avant le lever du soleil et service..........   4   2

Déclaration que donnent à nosseigneurs de l'assemblée générale du clergé de France de 1730 et à MM. du bureau diocésain de Châlons les prieur et religieux de l'abbaye de Notre-Dame de Cheminon, de l'ancienne fondation par le comte Hugues de Champagne, des terres et revenus qui pour moitié leur appartiennent, suivant transaction du 10 mars 1684 avec messire Maximilien, comte de Poitiers, grand trésorier de l'église St-Lambert de Liège, savoir :

CHEMINON : La ville ancienne et les droits seigneuriaux sis dans le finage de un denier par arpent de

	ARGENT l. s. d.	BLÉ sept.	AVOINE sept.
terre, 10 d. par fauchées de prés, un d. par four, 3 s. 6 d. par famille pour droits de bourgeoisie et 18 d. pour droits de lots et ventes......	82		
BREDEY : Ancienne fondation, ferme de 105 journaux de terre et 25 fauchées de prés............	450		
BRUANT : Ancienne fondation, ferme de 90 journaux et 7 1/2 fauchées......................		16	16
LA CORRE : Ancienne fondation, ferme de 62 journaux et 6 1/2 fauchées........................		11	11
LE BRUSSON : Anc. fond., ferme de 150 journaux et 12 fauchées..		34	37
LA LITE : Anc. fond., ferme de 57 journaux et 10 1/2 fauchées....		14	14
Moulin à Brusson, anc. fond...	180		
1/2 fauchée à Maurupt........	20		
Bourchot, cense, anc. fond. 30 journaux et une fauchée........		4	5
Brusson - le - Rupt et Minière, cense, anc. fond. 54 journaux, 6 fauchées......................		8	8
La Loge - Colotte, anc. fond., ferme de 100 journaux..........		10	13
Pont de fer, anc. fond., sans construction, 36 arpents broussailles........................	48		
La Ménagerie, anc. fond., cense de 150 journaux et 16 fauchées...		22	22
Prés du Four, anc. fond, 10 fauchées......................	125		
Prés des Chardons, anc. fond...	115		
Prés de la Favière	48		

Prés Finet Garsaux............	70
Maison à Cheminon avec jardin..	12
Redevance sur la cure........	50
Petit Pré, anc. fond..........	27
Pré aux Asnes..............	10
2 fauchées 1/2 de pré.........	20
Un pré paturages............	25
Un pré derrière le moulin de la Favière de cinq fauchées 1/2, anc. fond........................	62
Le bois, 1,350 arpents, anc. fond. (sur la moitié appartenant à la communauté).................	790
La haie du Pont de fer, 60 arpens......................	mémoire
La glandée des usages et bois communaux.................	150
Le quart des bois taillis des usages de Cheminon-la-Ville, environ	40

Le petit et grand Forgeot, anc. fond., pré de 35 fauchées....... Le foin employé à nourrir les chevaux de la maison et des hôtes.

20 journaux de terre aux environs de la maison............. Employé à nourrir les bestiaux.

Vigne dans l'enclos de la maison, de 7 arpents.................. 40 à 45 pièces employées à la maison.

2 vignes à Vitry-en-Perthois et à Sermaize de 2 arpents, anc. fond... 9 à 10 pièces.

4 étangs d'anc. fond. : le Brusson, la Vieille, Bredey et Bruant.. Le premier fournit 800 carpes, les autres 1,500 chacun employées à nourrir la maison et les hôtes.

5 petits étangs servant à fournir l'allevain.

La seigneurie de Beaumont, anc. fond., donnée par le comte Hugues,

avec tout, elle contient 480 journaux, 40 fauchées..............	512	160	
Redevance sur les moulins d'Etrepy pour une messe perpétuelle pour les seigneurs d'Etrepy......		2	
Redevance sur le moulin de Vitry-le-François, anc. fonds....		2	2
Seigneurie de la Corre, anc. fond., avec justice, 250 journaux, plus la dixme à St-Lumier-la-Populeuse, la ferme de la Motte-Brouillard à 35 journaux et 4 fauchées.....................	250	20	20
La cense d'Heil-le-Maurupt, anc. fonds........................		9	9
Les prés et terres *de dito*, anc. fond., 60 journaux et 5 fauchées..	440		
Le tiers des dixmes d'Isle et St-Lumier en Champagne, anc. fonds.	430		
Le tiers des dixmes de Coole, anc. fonds....................		10	20
La dixme du Champ de Convers.		2	3
Dixme d'Haussignémont.......	300	9	
Dixme de la Maison aux Bois, anc. fonds....................	160		
La terre de St-Quentin en Champagne, de 63 journaux..........	120		
La place du Lion d'Or à Vitry-en-Perthois, cens, vignes et dépendances, anc. fonds................	20		
Une maison à St-Dizier........	40		
Une tuillerie à Maurupt........	80 (ou 16,000 tuiles).		
Rente sur Fr. Chamon, de Sermaize......................	8	5	
Rente sur la maison de la veuve Lavandier....................	15	14	
Rente instituée par l'abbé de			

Belleau, 2° abbé commandataire,
pour 4 anniversaires solennels et
pour charges claustrales 514 6 6

L'abbé paye pour sa moitié dans
la portion congrue du curé de Haussignémont 30 livres de cire jaune
pour les fermiers pour suffrages,
plus 2 nappes d'autel.

Amendes des trois seigneuries.. 20

6.946 5 6   334   180

REDEVANCES DE L'ABBAYE

	ARGENT l. s. d.	BLÉ sept.	AVOINE sept.
Aux religieux de Ste-Memmie, sur Haussignémont, fermiers des biens d'Haussignémont..........	300	3	3
Au seigneur de Ponthion pour moulin audit lieu ruiné de temps immémorial....................	3 » 1	2	
Aux religieux de Monstier sur un moulin de Vitry-le-Brûlé, ruiné depuis 20 ans		4	4
Pension au curé de Coole.......	100		
L'aumône ordinaire aux pauvres de Cheminon, Fays, Maurupt, Sermaize, etc.....................		20	
L'aumône extr. aux pauvres....		10	
Gages des officiers de la justice.	110		
Gages des gardes des bois et étangs.......................	150		
Moitié des décimes, taxes, impositions, etc.....................	1576		

DÉPENSES NÉCESSAIRES A L'ADMINISTRATION

L'abbaye contient d'ordinaire 15 religieux, il y a 16 domestiques... 675 livres
Façons des vignes 324
Entretien des étangs 250
Honoraires du médecin, gages du chirurgien, dépenses de l'apothicaire 295
Remèdes et médicaments....... 100
Entretien des églises d'Haussignémont, de St-Lumier, d'Isle, Coole........................ 608 7 s.
Entretien de l'église, sacristie et bibliothèque, bâtiment régulier et réception des hôtes............. 1.440 » 140 147

Signé : Fr. Aug.-Jérôme Boulanger, docteur en Sorbonne, prieur ;
Fr. Jean Joly, sous-prieur ;
Fr. Toussaint Lesne, cellerier et procureur.

12 décembre 1726.

A la veille de la Révolution, l'abbaye, qui en 1503 comptait encore 21 religieux de chœur, y compris l'abbé, 4 moines (sic), un convers et 18 oblats ou domestiques, n'avait plus que huit religieux et rapportait 10,000 livres de rente à l'abbé sans comprendre la dot des moines[1]. Aujourd'hui il ne reste plus vestige de l'église et les débris du monastère n'offrent aucun intérêt.

Voici, pour terminer, la liste des abbés de Cheminon, d'après le *Gallia Christiana*, complétée par les chartes :

1. En 1681 : cinq moines, trois oblats, quatre domestiques ; en 1741 : treize moines.

Alard, 1110, prévôt.
Wido ou Guy, 1136, prévôt.
Hugues, 1138, 1151, abbé.
Robert, 1169, 1187.
André, 1189, 1203 [1].
Henri, 1206, 1213.
Raoul, 1215, 1229.
Garnier, 1230, 1236.
Hugues, 1236, 1248.
Pierre [2], 1248, 1250.
Aubert, 1254, 1255.
Guillaume, 1258, 1268.
Guy, 1262.
Geoffroy Ier.
Geoffroy IIe.
Raoul, 1269.
Philippe de Lices, 1271, 1274 [3].
Hugues, 1279.
Gérard, 1292, 1298.
Nicolas, 1308, 1309.
Etienne, 1309, 1310.
Jean, 1311.
Constant de Maurupt, 1315, 1331.
Garnier.
Jean, 1387, 1395.
        Lacune.
Anceau d'Andernay, 1483, 1493.
Oger, 1497.
Marc, 1506.
Louis de Heiltz-l'Evêque, 1508, 1526.
Jean de Rancières, 1526, 1543.

---

1. Il donna en 1202 la croix au seigneur d'Arzillières.
2. « Et quant je volus partir, dit Joinville, et me mettre à la voye, j'envoy quérir l'abbé de Cheminon qui pour lors étoit tenu le plus prudhomme qui fut en tout l'ordre blanche pour me reconcilier à luy, et me bailla et ceignit mon écharpe et me mit mon bourdon à la main. »
3. Déposé par le chapitre général pour son esprit d'insubordination.

Claude d'Ancienville, premier commandataire, 1546, 1547.
Jacques Belleau, 1548, 1583.
François de la Valette, 1580.
Charles de Lorraine, cardinal de Vaudémont, 1583.
Henri de Lorraine, 1596, 1606.
Charles de Lorraine, 1619,
François de Lorraine, 1629, 1636.
Louis de Simiane de Gordes, 1641, 1656.
Claude, comte de Poitiers, 1665, 1681.
Henri, comte de Poitiers, 1683, 1703.
Jérôme, comte de Poitiers, 1704, 1765.
Le prince évêque de Liège, 1765, 1789.

LISTE DES PRIEURS DE L'ABBAYE

Jean d'Ancerville, 1546-1561.
Nicolas Cotton, 1561-1563.
Pierre de Roches, 1553-1565.
Pierre Tremault, 1565-1572.
Claude Tremault, 1572-1584.
Claude des Roches, 1584-1599.
Henri de Maurupt, 1599-1602.
Augustin de Maizières, 1602-1603.
Jean Royer, 1603-1605.
Jean Picart, 1605-1644.
Jean Ferat, 1644-1657.
Benoit Lavendier, 1657-1661.
Henri Bertin, 1661-1672.
Bernard Blay, 1672-1678.
François l'Homme-Dieu, 1678-1681.
Julien Morier, 1681-1684.
Robert Petit, 1684-1691.
J.-B. Coulon, 1691-1695.
Nicolas Noel, 1695-1711,
Henri Boulanger, 1711-1742.
Charles Frizon de Ourscamp, 1742-1764
J.-B. Jobert, 1764-1766.
Louis Louis, 1766-1770.
J.-B. Lefebvre, 1770-1789.

RÉPERTOIRE DES CHARTES DE L'ABBAYE DE CHEMINON.

† *Carte de fundatione.*

Carta Hugonis comitis fundatoris nostri.
— Richardi Albanensis episcopi.
— Henrici comitis Campanie de Petro filio Huldrei.
— Abbatis S. Cornelii Compendiensis.
— Guidonis episcopi Cath. de possessionibus nostris.
— Capituli S. Petri Cath. de decimis inter nos et ipsos.
— Abbatum et decani Trecensis inter nos et canonicos S. Memmii.
— Abbatis S. Memmii de decimis inter nos et ipsos.
— Abb. S. Memmii de excambio inter nos et ipsos.
— Henrici cardinalis inter nos et canonicos S. Nicholai Cathal.
— Abbatis Cluniaci inter nos et priorem Sancti Theobaldi.
— Abbatis Sancti Sequani inter nos et eumdem.
— Abbatis Alti Fontis inter nos et canonicos de Gendoriis.

A. *Carte de Cheminon et quibusdam aliis.*

Carta Henrici comitis Trecensis de mortua manu de Chiminum.
— Henrici com. Trecensis de terragiis et censu pratorum apud Chiminum.
— Henrici com. Trecensis de XX solidis apud Chiminum.
— Ejusdem de eodem et prato apud Plichancourt et pasturis ibidem.
— Ejusdem de domo de Chiminum et de domo apud Vitriacum.
— Ejusdem de donatione de Chiminun.
— Prenestini episcopi inter nos et moniales de Ulmeto
— Girardi Cath. episcopi inter nos et easdem.
— Abbatis S. Benigni Divionensis pro Ulmeto.

Carta capituli Divionensis de pascuis inter nos et Ulmetum.
— Theobaldi comitis de molendino de Chiminum.
— Littere officialis Cath. de elemosina Warneri Bogier de
   Chiminum.

B. *Carte de Malo Rivo et quibusdam aliis.*

Carta Henrici comitis Trecensis de divisione inter nos et
   Malum Rivum.
— Ejusdem de prato apud Morellum Vadum.
— Ejusdem de terris et masuris inter abbatiam et Malum
   Rivum.
— Ejusdem de prato R. juxta Malum Rivum et de molen
   dino.
— Judicum remensium inter nos et canonicos sancti Ste-
   phani et monachos.
— Capituli Cath. de Malo Rivo. Idem S. Petri Cathal.
— Capituli S. Petri Cath. de eodem.
— Inter nos et presbiteros de Malo Rivo de oblationibus
   et de rigolia.

C. *Carte inter nos et Tres Fontes.*

Carta Petri Clarevallensis abbatis inter nos et Tres Fontes.
— Garneri Clarev. abb. de eodem.
— W. Cisterciensis abbatis de eodem.
— Quatuor abbatum de eodem.
— Guidonis Clarevall. abb. de eodem.
— Pontii abbatis Trium Fontium de pace fluvii Sauz.
— Ejusdem de eodem. — Ejusdem de eodem.
— Abbatum Monasterii et Bullencurie de eodem.
— Eorumdem de eodem.
— C. abbatis Clarevallensis de eadem pace.
— Abbatis Trium Fontium de decima terre que est ante
   portam de Tornai.
— Abbatis de Chiminum de eodem.
— Abbatum de Ripatorio et Bullencuria de fluvio Sauz.
— Abbatum Clarev. Bullencurie. Ripatorii de piscatione
   de Sauz et de porcis pascendis in nemoribus Trium
   Fontium.

D. *Carte inter nos et Sarmasiam.*

Carta Henrici comitis de nemore inter nos et Sarmasiam.
- — A. abbatis Sancti Eugendi inter nos et monachos de Sarmasia.
- — G. abbatis S. Eugendi inter nos et eosdem.
- — — de una missa pro defuncto L., clerici, et XVIII solidis censualibus.
- — B. abbatis S. Eugendi inter nos et monachos de Sarmasia.
- — Judicum Cathalaunensium inter nos et leprosos de Sarmasia.
- — Officialitatis de prato Symonis Molci.
- — Regis Navarre de acquirenda domo.

E. *Carte de Barro.*

Carta R. comitis Barri de condonatione passagii.
- — Henrici — de eodem.
- — Henrici comitis Trecensis de elemosina Letardi de Barro.
- — Trois lignes grattées. —
- — Henricis comitis de Barro de nemore Adam.
- — Th. comitis de eodem.
- — Episcopi Leucorum —
- — Henrici comitis Barri de elemosina Balduini de Barro.
- — Cathal. episcopi de elemosina B., apud Mognivilla.
- — G. de Barro de eadem.
- — Theobaldi comitis Trecensis de amodiatione molendini de Cheminum.
- — C. de Houdreville de laude ejusdem amodiationis.
- — Marie comitisse de nemore Adam.
- — G. episcopi de nemore Adam.

F. *Carte de Tornaco.*

Carta Henrici comitis Trecis de Tornaco.
- — B. comitisse Trecis de elemosina Johannis de Tornaco.
- — R. Cath. episcopi de elemosina H. de Buissi apud Tornacum.

Carta J. de Tornaco de his que de illo tenemus.

— H. de Arzilleriis de elemosina Johannis de Tornaco duorum modiorum bladi.
— Abbatis de firmatione de eodem.
— Henrici castellani Vitriaci de elemosina domine E. de Plaisseio.
— R. Cathal. episcopi de elemosina Hugonis castellani apud Tornacum.
— Hugonis castellani de Tornaco, de Stirpeio, de Plaisseio.
— Hugonis castellani de elemosina apud Tornacum.
— Uxoris Henrici castellani, de Tornaco.
— G. de Lucimont de his que adquisivimus a Johanne fratre suo.
— Ejusdem de L. libris receptis ab abbate de Chiminum.
— J. archidiaconi Cath. de pace inter nos et uxorem et filios J. de Tornaco.
— H. castellani Vitriaci de eodem.
— Decani Vitriaci quod Ermengardis laudavit elemosinam patris sui.
— J. archidiaconi Cath. de elemosina J. de Tornaco de IIII sextariis frumenti.
— P. baillivi Vitriaci de decima et terragio et IIII sextariis bladi.
— H. castellani quod J. de Tornaco... (*sic*).
— Odonis de Valla Clara de pasturis, terra et prato (*gratté*).
— J. abbatis S. Memmii de decima et territorio de Tornaco.
— Offic. Cath. de duobus sextariis frumenti et campo Bardet juxta Tornacum.
— G. Cathal. de decima de Mairoliis.
— A. de Plaisseio de elemosina Reneri de Raino.
— Off. archidiaconi Cath. de excambio inter nos et dominum de Favereciis.
— De duobus jornalibus terre que vendiderunt dominus Odo Chop.... et uxor ejus.
— De quitatione terre Arardi campi.

G. *Carte de Chasson et de Chantecoc.*

Carta Blanche comitisse Trecis de decima de Chantecoc.
— G. Cathal. episcopi de eodem.
— Blanche comitisse Trecensis de excambio de Chasson.
— Ejusdem de eodem.
— G. Cathal. episcopi de eodem excambio.
— Abbatis Premonstr. de eodem et de pace inter nos et canonicos de Moncellis.
— J. abbatis de Moncellis de eodem.
— Abbatis de Brana de eodem.
— A. abbatis de Moncellis de eodem.
Littere judicum Cathal. inter nos et canonicos de Moncellis de quibusdam responsionibus.
— — de quadam sententia irritata.
— — Suessionis de quadam sententia irritata.
— — Cathal. de pace inter nos et eosdem canonicos.
— — Remens. de pace inter nos et eosdem.
Carta G. abbatis de Moncellis de pace etc.
— O. de Tosquin de blado apud Arni (Arrigny?)
Littere G. abbatis de Moncellis de quitatione bladi apud Larzicort.
— G. Sancti Desiderii et I. de Anservile de prato filii Fobert.
Carta abbatum Premonstr..... de excambio de Chasson[1].
Littere judicum de pace inter nos et monachos de Moncellis.

H. *Carte de Cole.*

Carta H. de Arzilleriis de duobus modiis bladi.
— Blanche comitisse Trecensis de elemosina H. de Arzilleriis duorum modiorum bladi.
— H. de Arzilleriis de tota decima de Cole.
— G. Cathal. episcopi de eodem.
Littere judicum Suesson. inter nos et G. de Arzilleriis de decima de Cole nobis adjudicata.

1. Ces deux articles sont substitués à quelques mots grattés dans le texte primitif.

Carta eorumdem inter nos et eumdem de eodem.

    —   —   de eadem decima ut in possessionem mitteremus.

    —   —   de multitudine hominum de Cole et contumeliose se nobis opponente.

Carta Guillermi Cath. episcopi de tota decima de Cole.

— Blanche comitisse Trecensis de eadem decima.
— G. de Arzilleriis de eadem decima et de Area ou Arta.
— ejusdem de X. sextariis bladi et mina in decima de Cole.
—   —   de pascuis de Loi et de Cole.
—   —   de Campo Boveret et terragiis.
—   —   de Werrico et uno jugere terre.
— J. archid. Cath. de quatuor sextariis bladi apud Colam.
— Abbatis Clarevallensis de excambio decime de Bolainvaus et de Cole.
— (Graté). Archid. Cathal. de IIII. sextariis bladi et mina quos dedit nobis R. Poillevaut.
—   —   Off. Cathal. de terra Droeti de Cole en Montgobaut.
—   —   G. de Arzilleriis de quatuor jugeribus terre emptis a Bertranno.

Littere regis Navarre quod contendit domino de Arzilleriis quod possit vendere decimam de Cole.

Littere regis Francie et regine de eodem.

    —   —   Baillivi Vitriaci de flue de Cole.

Lettres dou signor de Cole qui li chapelain ne porront.... en deismes.

Carta comitis .... Dommartinio et de Lestree.

J. Carte de Bolainvaus.

Carta Taillefer de decima de Bolainvaus.

— H. Lingonensis episcopi de eadem decima.
— Decani Vendopere de eadem decima.
— Prioris et decani de Barro inter nos et dominum Durnaii.
— Milonis de Cherreueio de eodem.

Carta Decani Christianitatis de Barro de pace inter nos et presbiterum de Bolainvaus.

— Decani Vitriaci de eodem.

K. *Carte Taillefer et parentum ejus.*

Carta Guidonis Cath. episcopi de elemosina Alberici de Asmantia.

— Garneri de Asmantia de elemosina sua (apud Betoncort).

— ejusdem de modio bladi post mortem ejus.

— Taillefer de elemosina Alberici junioris apud Betoncort.

— ejusdem de elemosina patris et matris sue apud Betoncort et apud Stirpeium.

— — de decima Stirpeii.

— — de omnibus que habemus super aquam Buisson.

— — de X jugeribus terre et de Alneto et via ad molendinum.

— — de decima de Hausignimont et de Bugnicort, et de Stirpeio et de modio bladi apud Montolium.

— — de Bassa Salice.

— — de modio bladi in decima Pargni.

— — de decimis apud Bugnicort.

— — quod nunquam dedit nec vendidit aquam Buisson.

— — de Nicholao de Faveris quem R. de Robertiispania dedit nobis.

— — de elemosina domine Sybille Stirpeii de IIII[or] sept. frumenti apud Contau.

— Comitis Flandrie de XX septariis frumenti in terragio de Betoncort.

— Decani de parcellis de decima de Bugnicort.

Compromissio regis Navarre inter nos et dominum de Esterpeio.

L. *Carte dominorum de Stirpeio et Baerna.*

Carta Guidonis Cath. episcopi de elemosina Guidoni de Stirpeio.

— Henrici castellani de eadem elemosina et de pratis et pascuis que de feodo ejus sunt.

Carta Henrici de elemosina Galcheri de Stirpeio.
— Galcheri de Stirpeio de modio bladi apud Voscis.
— ejusdem de blado de Lices.
— — de decima de Goncort.
— Decani Vitriaci de modio bladi apud Vosces ex elemo-
sina Galcheri de Baerna.
— Offic. Cathal. de laude G. de Louverceio ejusdem ele-
mosine.
— Alberici de Cortisi de eadem elemosina.
— Decani Vitriaci de quatuor sextariis bladi apud Voscis
ex elemosina Galcheri junioris.
— trium abbatum de elemosina domini E. de Stirpeio.
— Presbiteri sancti Quintini de elemosina Comitisse, domi-
ne de Baerna.
— Archid. Cathal de pace inter nos et Guidonem de Capis.
— Alberti de Plaisseio et ballivi Vitriaci de eodem.
Confirmatio decime de Stirpeio a Joeffrido Cath. episcopo.
— G. Cath. episcopi de minuta decima de Bingni-
cort.
— G. de Garlanda de elemosina sua apud Stirpi.
(sic.)
— P. cantoris Vitriaci de duobus sextariis frumenti
quos dedit nobis G. miles de Pargni.
— de pace inter nos et dominum de Stirpio.
— Off. Cath. de duobus sextariis bladi apud Frigni-
cort et pascuis de Baierna que dedit Milo de
Baierna.

M. *Carte dominorum de Plaisseio*

Carta G. Cath. episcopi de decima S. Leudomiri.
— Alberti de Plaisseio de eadem decima.
— Agnetis, G. et A. de Plaisseio de eodem et mobilibus et
immobilibus.
— Witeri canonici Cathal. de eadem decima.
— Alberti de Plaisseio de elemosina B. Pierons.
— — de duobus modiis bladi apud Tie-
blemont.

Carta Alberti de Plaisseio de quatuor sextariis bladi apud Tieblemont.

—   —   de omnibus que pater suus vel ipse
dederunt vel vendiderunt nobis.

—   —   de molendino quod dicitur Talet.

— Decani Vitriaci de elemosina B. armigeri de S. Leudomiro de sext. bladi.

—   — de minuta decima de S. Leudomiro.

Littera de grangia S. Leudomiri et de decima.

— Abbatis S. Petri de grangia de S. Leudomiro.

— Domicelle Mabile de S. Leudomiro de ... nobis ...
datis super ...

Carta domini de Plaisseio et baillivi Vitriaci de pace inter nos
et Johannem de Helz.

— sententie fluvii de Saut contra priorem de S. Theobaldo.

Lettre que li abbés de Cheminon peut acquester à S. Lumier
en ce ... et des ... fes la dame dou Plaissii.

N. *Carte de molendinis Vitriaci et de quibusdam aliis.*

Carta Remensis archiepiscopi de molendinis apud Vitriacum.

— B. Comitissie Campanie de eisdem molendinis.

— Witeri thesausarii Cathal. de eisdem molendinis et de
duobus sextariis bladi apud Tieblemont.

— G. Cath. episcopi de molendino, et... de Wauri apud
Vitriacum.

— E. de Waury de eodem.

— E. de Plaisseio de eodem.

— P. baillivi de quadam pace super quartam partem unius
molendini.

— Th. comitis Campanie de his quos adquisivimus tempore matri sue.

— R. Cath. episcopi de pace inter nos et conventum S.
Pauli Virdunensis.

— A. de Plaisseio de reficiendis molendinis.
      { Conventus de eo-
dem (sic).
Aubertus de Plais-
seio de eodem.

Carta abbatisse Argentee Celle de amodatione partis sue quam
    habet in molendinis.
— abbatis Clarevallensis de eodem.
— Archid. de molendinis Vitriaci, de pace inter nos et pres-
    biterum de Wauri.
— Regis Navarre et regine de vinea Vitriaci, VII solidis
    censualibus.
— Abbatis et conventus S. Pauli Vird. de pace inter nos
    et ipsos.
— Episcopi Cath. de vinea quam vendidit nobis Col. filius
    Chavet, et de Baheru.
— Inter nos et priorem S. Theobaldi Vitriaci.
— De ... solidis super domum la Chevalere et de platea.
Littera de pace inter nos et presbiteros de Waureis.

    0. *Carte dominorum de Pontion et Dampetra.*

Carta Renardi comitis de Dampetra de potestate adquirendi in
    castellania Vitriaci.
—. B. comitisse Trecis de eadem elemosina.
— Henrici de Dampetra de elemosina sua.
— H. de Dampetra, de XXX jugeribus terre datis et.
    XXXVIII adquirendis.
— R. de Dampetra de eodem.
—   —   de elemosina avunculi sui.
— Judicum remensium inter nos et dominam de Pontion.
— J. archid. Cathal. inter nos et dominam de Pontion.
— Domine de Pontion inter nos et ipsam.
— R. de Pontion de Wiardo de Plichancort.
—   —   de Milone quem dedit nobis.
Littera de uno sextario frumenti et duobus denariis apud
    Pontion.

    P. *Carte de Molendino de Pontion.*

Carta R. de Dampetra de XL sextariis bladi in molendino de
    Pontion.
— Ferrici dou Boisson et P. baillivi de eodem.
— Ph. Cath. episcopi de molendino de Pontion.
— R. de Pontion de eodem.

Carta Anselmi de Domnapetra de eodem.
— Erardi de Marzeio de eodem.
— H. fratris Renardi de eodem.
— J. archid. Cathal. de elemosina Alberici militis in mo-
lendino de Pontion.
— Cantoris Vitriaci de pace inter nos et Vairon de Pon-
tion.
— G. decani de Monasterio en Derf de molendino de Pon-
tion.
— Roberti domini de Sommeveille de uno boisello bladi.
— Decani de Vitriaco de molendino de Pontion.

Q. *Carte dominorum del Boissom.*

Carta Witeri dou Boisson de excambio stagni et terragiis.
— ejusdem de XX. sextariis frumenti in molendinis dou
Boisson.
— de Remigio de Bugnicort, et Emmeline uxoris sua (dato
cum matre, sorore, etc.)
— de Stephano de Secru.
— de elemosina R. de Robertiispania et H. filii ejus.
— decani Vitriaci de elemosina Witeri junioris de molen-
dino del Boisson.
— J. archid. Cathal. quod J. miles de Mutereio et dou
Buisson et Elisabeth uxor ejus, vendidit partem
suam in eodem molendino.
— De eodem.
Littere decani Vitriaci de eodem.
Carta regis Navarre de molendino de Dumo.
— Off. Cathal. de pace inter nos et J. de Noeroie de mo-
lendino.
— J. de Toreta de eadem pace.
— Domini decani Vitriaci de molendino dou Boisson.
— Comitis Flandrie de elemosina J. de Noeroie.
— Abbatis Kaladie de C solidis pro decima quam debet illi
de Kaladia.
— Tabellionis Vitriaci de eodem.
— Offic. et arch. Cathal. de eodem.

R. *Carte nobilium virorum.*

Carta Manasses comitis Registensis de pratis in ejus protestate.

— Guidonis de Mocilains de elemosina sua frumenti et vini propter missas.
— J. archid. Cath. et J. de Essomiis de eodem.
— eorumdem et domine de Dampetra de eodem.
— Comitis Flandrie de eodem.
— Guiardi de Rinel de pasturis apud Mogniville.
— O. de Valle Clara de pasturis et terra et prato juxta Tornai.
— G. de Garlande de elemosina sua apud Stirpeium.
— O. de Tosquim de blado, apud Argni.
— N. archid. Cath. de elemosina B. de Faremont.
— Officialis Cath. de eodem.
— Archid. Cath. de uxore Wiardi de Faveris qui dedit nobis H. de Haucignimont.
— H. castellani Vitriaci de elemosina sua VI sextariorum blade.
— de elemosina domine Margarete de Vesinolio.
— J. le Fruitier de eodem.
— M. comitis Flandrie de X. libris apud Valencienes.
— J. de Avenes de eisdem X libris.
— Domini de Jonvilla de duobus modiis vini.
— Off. Cath. de pace inter nos et Loratam de Buissigni de VII modiis vini et I. sext. frumenti.
— H. castellani Vitriaci de V. sextariis bladi in molendino de Colemiers.
— Domini Millonis de Noyers de duobus modiis vini in vinea de Moelains.
— Jofridi de Vaureis de quatuor sext. apud Argny.
— Odonis... episcopi de uno modio frumenti et avene in decima de Mogneville.
— Gaufridi militis de eodem.
— Officialis (*sic*) de eodem.

3

S. *Item Carte nobilium.*

Carta G. Cathal. episcopi de pascuis apud Vitri-Villam et Chaipes.
— Ejusdem de eisdem pascuis.
— Abbatis Clarevallensis de elemosina Helvydis apud Chaipes.
— Decani Vitriaci de IIII solidis censualibus quos dedit nobis G. miles.
— — de censu duorum solidorum quos dedit nobis G. miles.
— Archid. Cath. de elemosina R. Poilevolt.
— Henrici de Cole de elemosina Poilevolt.
— Officialis Cath. de VI denariis censualibus nobis venditis.
— Castellani Vitriaci de elemosina V. sextariorum bladi. S. militis.
— Trecensis episcopi de furno sancti Augustini.
— Offic Cathal. de elemosina trium sext. bladi Almarici militis.
— Decani Vitriaci de elemosina Colins Graverii.
— Archid. Cath. de Burreio Sancti Verani.
— de duobus sextariis frumenti quos dedit nobis G. miles de Parni.
— B. decani Vitriaci de pace inter nos et W. armigerum.
— Officialis arch. Cath. de elemosina T. militis de Marson, XX solidorum censualium.
— — de censu XXXVI solidorum quos dedit nobis T. de Marson.
— Regis et regine de vinea et duobus solidis apud Vitriacum.
— Domini Sancte Libarie de tribus sextariis bladi apud Hesium Witeri.
— Off. Cath. de tribus sextariis bladi quos dedit nobis A. de Cuperleio.
— de sex sextariis bladi apud Doienvile.
— inter nos et G. de Ca... niges de prato juxta Belesma.

Carta off. de grossa decima de Belesma et nemoris Albricis.
           de eodem.
Testamentum domini Colardi de Haucignimont.
Carta de compromissione inter nos et eundem.
— Archid Cath. de grossa et minuta decima de Haucigni-
      mont.
— de pace inter nos et capitulum Cath. de decima de
      Belesma.
— Nemoris Albrici quod vendidit Nicholas armiger de
      Belesma.

T. *Carte de Belesma et de Fauerèces et de Secru et de*
             Haucigniniont.

Carta Marie comitisse Trecensis de elemosina R. de Belesma.
— B. com. Trecens de nemore Roberti.
— Witeri del Boisson de quitatione nemoris Morelli.
— G. Cathal. episcopi de elemosina W. de Favereciis et
      Rogerii de Verzi.
— Decani Vitriaci inter nos et filios W. de Favereciis.
— de Cortisols de quitatione hereditarii W. de Fa-
      vereciis.
— Archid. Cath. quod G. de Belesma laudavit elemosinam
      Ade fratris sui.
— Decani Vitriaci de eodem.
— de elemosina G. et A. fratrum de Belesma.
— Deodati presbiteri de elemosina Rogerii de Belesma.
— Decani Vitriaci de elemosina V solidorum Stephani de
      Secru.
— Decani christianitatis et cantoris Vitriaci de elemosina
      W. militis de Secru.
— Archid. Cathal. de pace inter nos et Petrum Traditorem.
— Decani Vitriaci de pace inter nos et eumdem.
— Bertranni de decima de Belesma quod eam possimus ad-
      quirere.
— ejusdem de eodem.
— Officialitatis de usuario in nemore de Liur.

Carta offic. de pace inter nos et sorores de Belesma.

— S. de Mala Domo de pace inter nos et Fremundum de Secru.

— De X sextariis bladi quos dedit nobis P. de Belesma.

— Offic. de pace inter nos et R. de Belesma.

— Archid. Cath. de terra que fuit magistri D. quam P. Baillivus dedit nobis.

— Capituli Vitriaci de eadem terra vendita eidem.

— P. Baillivus de elemosina sua in monte Beeru.

— ejusdem de decima et terragio et IIII sextariis bladi in campo ante Tornai.

— Cath. episcopi de decima de Maroles.

— — de pratris Audre de Columbariis.

— Castellani Vitriaci de prato apud Outrepont.

— Decani Vitriaci de elemosina J. Corbe.

— Johannis archid. Cath. de Burreio Sancti Verani (rayé).

— Decani Vitriaci de quitatione querelarum Pontis de Vitriaco.

— archid. de Faineriis de XX solidis censualibus pro... sua.

X. *Carte Clericorum.*

Carta decani de Pratello de decima de Haucignimont.

— Judicum Cath. de decima de Haucignimont adiudicata B. clerico de Secru.

— Cath. episcopi de elemosina ejusdem decime.

— Abbatis Longipontis de eadem elemosina.

— Decani Vitriaci de quitatione terre in Airardi campo.

— — de quodam prato quod dedit nobis presbiter de Chiminum.

— Cantoris Vitriaci et decani de pace inter nos et Poncium Bridole Vitr.

— Decani de Possessa de IIII. sextariis frumenti apud Netancort.

Y. *Carte de domibus nostris.*

Carta Cath. episcopi de domo Rolandi.
— Off. Cath., P. et E. decanorum de domo Bavonis.
— Cath. episcopi de domo Walteri prepositi apud Vitria-
    cum.
— B. comitisse Trecensis de domo apud Vitriacum.
— ejusdem de eodem domo inter nos et Morellum.
— Offic. Laudunensis de domo Lauduni.
— Civitatis Virdunensis de domo Johanni le Borgne.
—   —   de domo Favorec Vird. (rayé).
—   —   de emptione octave partis domus
                Vird, (rayé).
—   —   de domo vendita nobis.
— Off. Cath. de domo Cath. in vico Ovium.
— G. officialis Laud. de domo apud Laudunum.
— Capituli Cath. de capella nostra apud Cathal.
Littere off. de XX solidis censualibus quos dedit nobis filia
        Morelli, civis Cath.
— Decani de Bussigneio de V denariis censualibus apud
        Cath.
— De XL solidis pro platea in campo Popelin, Cath.
— Pace inter nos et . . . . am de Bussigneio de II
        modiis. . . . .

1102

Bulle confirmant la fondation de Cheminon, du pape Pascal II.

Paschalis episcopus servus servorum Dei dilectis filiis
Alardo [1] preposito et ejus fratribus salutem et apostolicam
benedictionem. Austri terram inhabitantibus per prophetam
Dominus precipit cum panibus occurrere fugienti, idcirco vos
filii carissimi de seculo fugientes gratantes excipimus et per
sancti spiritus gratiam sedis apostolice munimine confovemus.
Vite namque canonice ordinem quem secundum beati Augus-

---

1. Alard, chanoine de Saint-Nicolas d'Arrouaise, mis à la tête de la colonie
chargée de fonder Cheminon.

tini regulam professi estis presentis privilegii aucthoritate firmamus, et ne qui post professionem exhibitam proprium quid habere, ne ve sine prepositi vel congregationis licentia claustri coarctationem deserere liceat, interdicimus, juxta quod scilicet claustrum in sylva Luyz totum illud allodium vobis vestrisque successoribus in eadem relligione victuris quietum ac liberum perpetuo sancimus quod Alaydis comitissa [1] vobis filiorum suorum consensu Philippi Catalaunensis episcopi [2] et Hugonis [3] comitis delegavit. Tota igitur terra circa ecclesie vestre ambitum sita, quantum unius leuge me reditas tenet, cum aqua et lignis seu ceteris rebus sic in vestro semper jure servetur: ut nulli omnino liceat preter vestram illic voluntatem operis aliquid exercere, nec episcopis vel quibuslibet ecclesiarum ministris facultas sit de ipsius terre frugibus que domus vestre laboribus colitur, decimas aut terragium exigere vel molestias irrogare, quatenus omnipotenti Domino liberiorem valeatis famulatum impendere. Preterea quecunque predia, quecunque bona in futurum concessione pontificum, liberalitate principum vel oblatione fidelium juste atque canonice poteritis adipisci, firma vobis vestrisque successoribus et illibata permaneant. Decernimus ergo ut nulli omnino hominum liceat eamdem ecclesiam temere perturbare, aut ejus possessiones aufferre, vel ablatas retinere, minuere vel temerariis vexationibus fatigare. Sed omnia integra conserventur eorum pro quorum sustentatione et gubernatione commissa sunt, usibus omnimodis profutura. Si qua sane ecclesiastica ve persona hanc nostre constitutionis paginam sciens contra temere venire tentaverit secundo tertiove commonita, si non satisfactione congrua emendaverit, potestatis honorisque sui dignitate careat, reumque se divino judicio existere de perpetrata iniquitate cognoscat, et a sanctissimo corpore ac sanguine Dei et Domini Redemptoris nostri Jesu Christi aliena fiat atque in extremo examine districta ultioni

1. Alaïs, veuve du comte Thibaut III, mort en 1090.
2. Évêque de Châlons, fils du comte Thibaut III, mort le 12 août 1100.
3. Hugues, comte de Champagne (1090-1125).

subjaceat. Cunctis autem eidem loco juxta servantibus sit pax
Dei nostri Jesu Christi quatenus et hic fructum bone actionis
percipiant. Amen, amen, amen, Ego Paschalis catholice ecclesie episcopus. Datum Beneventi per manum Johannis sancte
Romane ecclesie diaconus cardinalis, IX calend. oct. indict XI°
anno Dominice incarnationis M CIII, pontificatus autem Domini
Paschalis secundi papæ IIII°.

(Original et cartulaire).

Titre de Fondation.

An 1110

In nomine sancte et individue trinitatis, Patris et Filii et
Spiritus sancti. Ego Hugo comes Campanie, Theobaldi comitis filius, concedo Deo in manu fratris Alardi quemdam
locum qui vocatur Chyminon, cum aqua, lignis, banno et justicia, seu ceteris usibus in perpetuum. Hisembardus quoque,
Dodo Herberti filius, Richerus Pontigonensis[1] et Lambertus
Belesmensis[2], concedunt eiusdem loci similiter partem quam-
dam de feodo quam a predicto comite tenent, sicut tres termini
qui nominandi sunt, monstrabunt, et ibi ecclesiam in honore
beati Nicolai fabricari jussimus, fratresque ibidem regulariter
victuros cum predicto Alardo congregare statuimus. Habet
vero fines ac terminos nominatos a predicta ecclesia usque ad
viam Barrensem[3] sancti Verani[4] qua transit aqua Chyminon[5],
et eidem via ducente quantum tenet fagosum nemus, et inde

1. Ponthion, canton de Thiéblemont. — Richer, chevalier, vassal du comte, 1087.
2. Blesmes, canton de Thiéblemont. — Lambert était l'auteur d'une famille noble qui subsista pendant deux siècles à Blesmes : Roger et Robert, chevaliers de Blesmes, 1168–1191 ; Nicolas, 1170 ; Gualo, 1181 ; Albéric. Nicolas et Guillaume, fils de Robert, 1200 ; Nicolas et Odon, 1214, lequel fut père de Bernard et Vaucher.
3. La route de Bar-le-Duc.
4. Saint-Vrain, canton de Thiéblemont.
5. Le ruisseau de Bruxenelle qui passe à Cheminon.

mutato itinere usque ad stirpem Fulcradi, et usque ad rivulum a predicta ecclesia extremum qui vocatur Braidis, eodemque rivulo ducente usque ad aquam Brusson, et ultra ipsum rivulum in latitudine quantum jactus est baliste : in longitudine vero juxta ripam predicte aque usque ad Francuadum. A Francuado quoque obliquo transit circumeundo usque ad cotem unum miliarium continens. A cote autem usque ad calcis furnum qui est propter fluviolum nominatum Currut. A calcis furno vero usque ad campum qui vocatur vallis Rainaldi et secus campum qui vocatur Durfossum usque ad viam predictam Barrensem S. Verani, usque ad aquam Chyminou. Preterea per totum nemus tam in alodio quam in feodo, pascua omnibus animalibus canonicorum et omnium hominum suorum absolute sine aliquo censu et ligna ceterorum ad proprios usus, ego predictus comes et predicti milites concedimus. Post multum vero temporis, dominus Ricardus Albanensis episcopus, sedis apostolice legatus, a nobis quesivit aliquem locum ad serviendum Deo positum in nostro comitatu sancte Romane ecclesie et sibi dari. Audiens autem hoc et in animo meo sepe revolvens, a domino deo principatum potestatemque ligandi et solvendi beato Petro traditam et desiderans eiusdem apostolorum principis meritis et defensione a presentibus futurisve periculi liberari, regnique celestis, eodem clavigero mediante, michi patere introitum consilioque domini Hugonis Catalaunensis episcopi accepto et predicti Alardi ceterorumque fratrum consensu, predictum logatum ad dedicationem dicte ecclesie invitavimus, ubi iterum locum predictum eidem beato Petro et vicario eius domino pape Paschali secundo omnibusque successoribus eius canonice substituendis in perpetuum concessimus. Ut autem legitima et stabilis hec mea donatio fieret ante ecclesie et altaris dedicationem in manu predicti legati, consilio et assensu baronum meorum et multorum religiosorum in jus et propriam possessionem sancte romane ecclesie tradidimus, ita ut unoquoque anno fratres ibi habitantes persolvant Lateranensi palatio decem catalaunensis monete solidos. Insuper totam aquam Brusson a predicto Francuado usque ad longum vadum

et totam terram Culmontis quam nos tunc Bellum Montem [1]
vocamus, cum pratis, silva, banno et justiciis seu ceteris
usibus, libere et absolute, ego predictus comes ecclesie predicte perpetualiter concedo. Villam quoque adiacentem hortatu
et consilio predicti legati ad adjutorium et sustantationem
canonicorum ibi fieri precepi : donaus eidem quidquid justiciarum, hanni seu alie libertatis in eodem loco habebam quatenus omnipotenti domino liberiorem valerent impendere
famulatum. Facta est autem ista extrema donatio anno ab
incarnatione Domini MCX, indictione quarta ; hujus prime
donationis testes sunt : Odo Castellanus [1], Joannes, Wido
fratres eius, Wido de Possessa [2], Albertus infans, Wivanus,
Wido de Stirpeio [4].

Sceau rond petit au cavalier.

(Original et cartulaire).

1110

Charte approbative de la précédente donation, par Richard,
évêque d'Albano, légat du pape (cartulaire).

1110

Bénédiction de l'église abbatialle de Cheminon, en la forêt de Luiz

In nomine sancte et individue Trinitatis amen; notum sit
omnibus Christi fidelibus tam futuris quam presentibus quod
ego Ricardus Albanensis episcopus tunc temporis in Gallie
partibus sedis apostolice legatus, ecclesiam beati Nicolai in
silva Luiz [5] ab edificationis exordio in apostolice sedis posses-

1. Ferme sur le territoire de Blesmes.
2. Louis d'Outre-Mer établit une châtellenie à Vitry ; cette charge devint
héréditaire. Helvis « castellana Vitriacensis, » la porte vers 1190 à Renard de
Dampierre-en-Astenois.
3. Gui est le premier auteur de la maison des sires de Possesse ; son fils,
Adam (1135) fut l'un des principaux fondateurs de l'abbaye de Monstier.
4. Canton de Thiéblemont. — Auteur de la première maison des seigneurs d'Etrepy qui s'éteignit dans les seigneurs d'Amance, au XIIIe siècle.
5. La forêt de Luis, au territoire de Cheminon sur la Bruxenelle.

sionem, jusque suscepi ecclesiam et atrium benedixi : ita scilicet ut fratres ibi sub regula beati Augustini degentes cum omnibus hominibus in eodem loco habitantibus sub nullius episcoporum jure tenerentur, sed libere et absolute omnia que eis essent necessaria, videlicet in oleo et crismate et sacris ordinibus a quolibet catholico episcoporum acciperent. Ista vero omnia feci bone memorie Catalaunensi episcopo Hugone[1], concedente et Hugone comite totius Campanie volente atque hortante qui in predicte ecclesie dedicatione nobiscum fuit, et totum territorium Culmontis[2] eidem ecclesie donavit sicut in ejus scripto continetur. Ad indicium autem precepte a romana ecclesia libertatis, quindecim Catalaunensis monete nummos quot annis Lateranensi palatio persolvi precipi. Si quedam in futurum ecclesiastica secularisve persona hanc nostre constitutionis paginam contra eam temere venire temptaverit, secundo terciove commonita, si non satisfactione congrua emendaverit, potestatis honorisque sui dignitate careat, reumque divino judicio existere de perpetrata iniquitate cognoscat et a sanctissimo corpore ac sanguine dei et domini redemptoris nostri J. C. aliena fiat, atque in extremo examine districte ultionis subiaceat. Amen, amen, amen.

Actum est quod apud Albanum, VII, idarum decembris, indictione IIII. Incarnationis dominici anno, M°.C.X.

Sceau brisé.

1116

Abandon de la forêt de Luiz par le chapitre de Compiègne aux religieux de Cheminon.

In nomine Patris et Filii et Spiritus Sancti, amen. Universis Christi fidelibus tam presentibus quam futuris denuntiandum notum esse volumus, quia in capitulum sancte Compendiensis ecclesie beatorum martirum Cornelii et Cipriani[3] coram decano Odone, Johanne cantore ceterisque fratribus, quidam fratres de cellula sancti Nicholai que est in silva Luiz super Chi-

1. Successeur de Philippe, mort le 10 mai 1115.
2. Devenue ferme de Beaumont.
3. Chapitre S. Corneille de Compiègne.

meron, domini scilicet Alardus atque Albricus, venerunt rogantes ut omnes reditus loci in quo habitant eis concederemus, censu quem quotannis persolverent instituto. Constabat enim permulta circumquoque spatia, totum ad sanctam Compendiensem ecclesiam ex dono regum antiquitus pertinere. Quia igitur legitima desiderantium non est differenda peticio, tam eis quam eorum successoribus ibi deo famulantibus concedimus et indilvulse firmamus ut, singulis annis proxima ante medium quadragesime dominice, sepedicte ecclesie prepositis aut eorum ministerialibus apud Pontigonem. XI. solidos catalaunensis bone et probate monete, predicti loci fratres censum pro omnibus suarum rerum omnium que ibidem habitantium persolvant reditibus et quidquid terre seu nemoris vel aquarum est usque ad cotem et calcis furnum, vallemque Ranoldi et campum qui vocatur *Durfosson* et viam Barrensem Sancti Verani et stirpam Fulcradi et extremum rivulum qui vocatur Braidis et Francuadum quod est in aqua Broisson et ultra sedem Hilduini quantum est iactus baliste et totam terram Culmontis cum aqua et lignis, seu ceteris usibus preter redecimationem de dominio comitis si ibi fuerit quiete teneant. Et ut inviolabiter hec conventio permaneret, hoc cyrographum ad rei memoriam fieri utriusque fuit consilium. Quod si quis perditionis filius huic nostre concessioni ullo modo obviare presumpserit anathematis gladio percussus cum Juda proditore domini cum Nathan et Abiron sine fine locum perpetue dampnationis obtineat. Actum est Compendii, anno ab incarnatione domini M. C. XVI. Indictione IX.

Sceau moyen, rond, en cire brune, extrêmement grossier, à queue. Evêque à mi-corps tenant la crosse. (Original et cartulaire).

1120

Bulle du pape Calixte II, confirmant les propriétés de l'abbaye

"Calixtus" episcopus servus servorum Dei, dilectis filiis

1. Une bulle analogue, mais moins explicite, existe, donnée par le pape Pascal II, le 3 du mois d'octobre 1118. (Original et cartulaire).

Alardo abbati et ejus fratribus in ecclesia beati nostri Jesus
Christi professis tam presentibus quam futuris in perpetuum
amen. Locum vestrum et beati Nichola ecclesiam in silva Luiz
consecravit vir bone memorie Ricardus Albanensius episcopus
tum sedis apostolice in partibus illis vicarius, ab edificationis
exordio sicut ex scripto ejus comperimus, in apostolice sedi
possessionem jusque, susceptam ecclesiam et atrium benedixit
et ab omnium episcoporum jure emancipavit, quod et dominus
predecessor noster sancte memorie Paschalis, papa, decreti sui
auctoritatis firmavit. Cum autem nos in Galliarum partibus pro
ecclesie servicio moraremur coram nobis et fratribus nostris
apud Belvacum a te querimonia facta est pro eo quod frater
noster Guillelmus [1] Cathalaunensis episcopus, locum ipsum in
ejus parrochia constitutum vehementer infestaret. Unde fratres nostri qui nobiscum aderant eunden episcopum caritate
debita convenerunt ut autem infestatione illa desistet, aut si
se in causa hac pregravatum crederet, plenariam a nobis justi-
tiam accepturus quiete et pacifice gravamen suum exponeretur
Tunc ille tamquam vir religiosus sapiens, accepto fratrum suorum qui secum erant consilio ad honorem Dei et apostolice sedis
reverentiam, si quidem minus in predicti loci et ecclesie oblatione fuerat, se completurum episcopali benegnitate respondit.
In nostra ergo et fratrum nostrorum Cesaris Prenestini, Lam-
berti Hostiensis, Leodegari Vivariensis, Clarimbaldi Silvanec-
tensis, et Petri Belvacensis episcoporum et cardinalium
Bosonis sancte Anastasie et Johannis sancte Grisogoni presbi-
terorum, Petri sanctorum Cosme et Damiani, Gregorii sancti
Angeli, Grisogoni sancti Nicholai et Romani sancte Marie in
porticu diaconorum presentia, idem venerabilis frater Guillelmus, Cathalaunensis episcopus sepedictus locum, et ecclesiam
Sancti Nycholai in silva Luiz in jus proprium et omnimodo
libertatem beato Petro et ejus ecclesie Romane concessit, et in
manu nostra omnem deinceps inde calumpniam refutavit.
Nos vero ejus dulcedinem et benevolentiam attendentes, tam
ipsi quam ipsis catholicis successoribus clericorum ad sacros

1. Guillaume de Champeaux, mort le 11 juillet 1122.

ordines promotionem chrysmatis et olei dationem si gratis et sine pravitate voluerunt exhibere concessimus. Alioquin liceat vobis catholicum quem malueritis adire antistitem et ab eo eadem sacramenta suscipere sane de presbytero qui populum regere debebit, statuimus ut a canonicis electus episcopo presentetur et ab eo animarum curam suscipiat eique inde rationem reddat, et vocatus ad sinodum ejus vadat. Universa igitur prout superius distincta sunt nos, auctoritate sedis apostolice confirmamus, et illibata futuris temporibus conservari sancimus. Preterea predicti domini nostri Paschalis, pape, vestigia subsequentes vite canonice ordinem quem secundum beati Augustini regulam professi estis, cooperante domino, roboramus, et ne cui post professionem exhibitans proprium quod habere, neve sine abbatis vel congregationis licentia claustri cohabitationem deserere liceat interdicimus. Abeunte te nunc ipsius loci abbate vel tuorum quolibet successorum, nullus ibi quolibet surreptionis astutia seu violentia preponat, nisi quem fratres communis assensu vel fratrum pars consilii sanioris secundum dei timorem providerunt regulariter eligendum, Electus a Romano pontifice confirmetur. Sepulturam quoque ipsius loci liberam esse censemus, ut eorum qui illic sepeliri deliberaverint devotioni et extreme voluntatis, nisi forte excommunicati sint, nullus obstat. Porro terra circa ecclesie vestre ambitum sita, sicut in scripto Hugonis comitis continetur, tota usque ad cotam calcis furnii, vallem Rainaldi, campum Durfosson, viam Barrensem Sancti Verani super aquam Ciminon, Stirpam Fuloradi, extremum rivulum Braidis Francvadum quod est in aqua Broisson, et ultra sedem Hilduini quantum est jactus balistе, et totam terram Culmontis cum aqua et lignis seu ceteris usibus sic in vestro semper jure ac successorum vestrorum quieta et libera conservetur ut nulli hominum liceat preter vestram illic voluntatem operis aliquid exercere. Nec episcopis vel quibuslibet ecclesiarum ministris facultas sit de ipsius terre frugibus que domus vestre laboribus colitis, decimas aut terragium exigere, vel molestias irrogare. Villam etiam adiacentem in ea que a predicto comite concessa et scripto firmata est, libertate permanere decerni-

mus. Ad hec universa predia et bona que vel in presentem legi-
time possidetis, vel in futurum concessione pontificum liberalitate, principum vel oblatione fidelium juste atque canonice
poteritis adipisci firma vobis vestrisque successoribus et illibata
permaneant, in quibus ecclesiam sancte Oeildis cum omnibus ad
eam pertinentibus, proprio nomine duximus annotandam. Nulli
ergo omnino hominum liceat sepedictam temere ecclesiam perturbare aut ejus possessiones auferre vel ablatas retinere, minuere vel temerariis vexationibus fatigare, sed omnia integra
conserventur eorum pro quorum sustentatione et gubernatione
concessa sunt usibus omnimodis profutura. Ad indicium autem
juris et possessionis ecclesie romane, necnon et libertati vestre
decem catalaunensis monete solidos quotannis Lateranensi
palatio persolvetis. Si quidem igitur in futurum ecclesiastica
secularisve persona hanc nostre constitutionis paginam sciens,
contra eam temere templaverit, secundo tertiove monita, si non
satisfactione congrua emandaverit potestatis honorisque sui
dignitate careat, reamque se divino judicio existere de perpetrata iniquitate cognoscat et a sacratissimo corpore ac sanguine dei et domini redemptoris nostri J. C. aliena fiat, atque in
extremo examine districte ultioni subiaceat. Cunctis autem
eidem ecclesie justa servientibus sit pax domini nostri J.-C.
quatenus et hic fructum bone actionis percipiant et apud dis-
trictum judicem premia eterne pacis inveniant. Amen, amen,
amen.   Suivent les signatures.

Datum Cluniaci per manum Grisogoni sancte romane ecclesie
diaconi cardinalis bibliothecari, nonis januariis, indictione
XIII, incarnationis dominice, anno M° C° XX°, pontificatus
autem domini Calixti secundi pape, anno primo.

(Original et cartulaire).

1137

*Approbation par le pape Innocent II, de la résolution des reli-
gieux de Cheminon de se placer sous la filiation de l'abbaye
de Trois-Fontaines.*

Innocentius episcopus servus servorum dei etc. Laudes et
gratias omnipotenti deo referimus qui nomen et vitam fratrum

Clarevallensium per diversas partes mundi ita celebrem, ita fecit esse spectabilem, ut eorum exemplo laudabili ipsi quoque viri religiosi religiosiores fieri appetant, et juxta illud psalmite de virtute in virtutem ire contendant. Placet igitur nobis ex hoc ipsum auctoritate apostolica confirmamus quod canonici Chiminonenses semel ipsos et locum suum monasterio de Tribus Fontibus contulerunt et sub vestra cura atque magisterio de cetero vivere decreverunt. Et quum deus utpote incommutabilis et eternus mutabilia corda non approbat, atque apud ipsum non est transmutatio nec vicissitudinis obumbratio, simili modo sancimus ut jam canonicis presentibus vel futuris nullatenus liceat quocumque tempore se vestre subjectioni subtratere, seu qualibet occasione contra vos clamorem elevare, sed potius idem locus cum appendiciis suis ∩ persone ibidem domino servientes, subjecte et obedientes vobis existant, quemadmodum abbatie que secundum regulam Cisterciensium instructe sunt, suo capiti obsequantur. Salvo nimirum censu X nummorum catalaunensium singulis annis nobis nostrisque successoribus persolvendo. Decernimus ergo ut nulli omnino homini liceat vos vel successores vestros nostra confirmatione temere perturbare, aut aliquam vobis exinde contrarietatem inferre si quis autem ausu temerario contra hanc nostram constitutionem venire temptaverit secundo terciove commonitus, nisi presumptionem suam congrua satisfactione correxerit excommunicationi subiaceat conservantes vero omnipotentis dei et beatorum apostolorum Petri et Pauli consequentiam amen.

Datum Rome per manum Imarici sancte romane ecclesie diaconi cardinalis cancellarii, XIII Id martii, indictione I, Incarnationis dominice anno M° C° XXXVII. Pontificatus vero domini Innocentii pape II Anno IX°

(Original et cartulaire).

1161

Confirmation générale des biens présents et à venir des religieux à Cheminon, par le comte de Champagne.

In nomine sancte et individue trinitatis, ego comes Henricus Trecensis palatinus omnibus notum facio quod abbati et ecclesie de Chiminum terras omnes de Chiminum villa, prata, domos quocumque modo rationabiliter dono videlicet vel emptione sive alio rationabili modo ea acquirere poterint in perpetuam elemosinam habenda concessi. Alia quoque excidentia quocumque modo michi exciderent nec non et mortuam manum preter nummos eidem ecclesie contuli. Addidi etiam quod remini nisi his qui in presentem ibi manent nova ibidem ad manendum edificia abque assensu et licentia abbatis supradicte ecclesie in posterum fundare liceat. Quod ut notius et magis ratum in perpetuum teneatur, litteris commendari et sigilli mei impressione confirmari precepi cum testimonio legitimarum personarum, quorum nomina subscripta sunt. Hujus itaque rei testes sunt, Guillelmus frater meus, Nicolaus capellanus, Drogo capellanus, Ansericus de Monteregali [1], Guillermus marescallus, Petrus Bristaldus, Gervasius de Miciaco. Actum est anno ab incarnatione dominica Mᵒ Cᵒ LXᵒ Iᵒ. Ludovico rege Francorum regnante, Cathalaunensi episcopo nullo. Traditum apud Trecas per manum Guillermi cancellarii. Guillermus notarius sigillavit.

(Original et cartulaire).

1168

Le comte Henri de Troyes fait savoir que Pierre, fils de Huldriens de Vitry a donné à l'église de Cheminon toute la terre sise dans la forêt de Luiz, comprise dans l'aumône faite par le comte Hugues et que ledit Pierre et ses prédécesseurs avaient soustraite à ladite aumône et tenue pendant plusieurs années; du consentement de sa femme et de leurs enfants, de Renaud de Rosnay, de Thibaut, fils dudit dont la sœur avait épousé le susdit Pierre ; de Geoffroy de Mousson, suzerain ; Témoins : Guillaume, maréchal, Drogon de Provins, Pierre, son frère, Daimbert de Ternant, Nevelon de Ramerupt, Létard de

---

1. Anséric de Montréal, sénéchal de Bourgogne.

Bar et Odon de Favresse[1]. Fait à Troyes, Guillaume, chancelier.

1169

Charte du même portant cession d'un bois sis à Garsaulx.

1169

Le même donne le pré de *Morellonvado*, défriché par les moines, moyennant un cens de 20 deniers ; ledit pré sis le long du Brusson jusqu'à la forêt de Luiz, l'abbé Robert s'engageant à ne pas dépasser les bornes du comte. Témoins : Guillaume de Dampierre[2], Nevelon de Ramerupt, Geoffroy de Ponthion, Robert de Blesme, Guillaume, maréchal, Artaud, chambellan. Fait à Troyes, Guillaume, chancelier.

Sceau rond, cire rougeâtre : †. SIGILLVM. HENRICI. TRECENSIVM. PALATINI. COMITIS. Cavalier.

(Original et cartulaire).

1171

Le même approuve le bornage intervenu entre la terre de Neuville et celle des religieux de Cheminon, en présence des hommes du comte, lesdites bornes sur le ruisseau dit Braidis, en largeur autant que porte le jet d'une pierre, et le long du Brusson avec même largeur. Témoins : Odon de Montomer, Artaud, chancelier, Létard de Bar, Odon de Favresse, Nicolas de Blesme, Guillaume, chancelier.

(» »).

1173

Chirographe. — Accord entre les religieux de Sermaise et de Cheminon, du consentement d'Adon, abbé de S. Oyan de Joux, et par l'entremise d'Alard, abbé de Trois-Fontaines et de Raoul, abbé de Haute-Fontaine, Jean de Possesse, moine de

---

1. Chevalier et père de Gualin (1180).
2. Seigneur de Dampierre-Saint-Dizier, qui, au retour de la croisade, épousa en 1197, Marianne, fille unique d'Archambaud, sire de Bourbon, dont le fils releva ce nom avec les armes.

4

Clairvaux et Létard, chevalier de Bar, Odon, vicomte de Favresse, pour les biens sis dans les environs de Fritigny jusqu'à Durfosse ; la maison de Sermaise [1] devant à celle de Cheminon un cens de 18 sols pour les dîmes et autre chose. Témoins : Bernard, prieur de la Ferté [2], Remi, prieur du cloître, Gautier de Cassal, Gui de Cerge.

1173

Bulle confirmative de cet accord par Lucien III, à Vérone, le 6 des ides de septembre.

1177

Le comte Henri de Champagne dénonce l'accord intervenu entre l'abbaye et les hommes du comte à Maurupt [3] pour les terres sises entre le monastère et le village, à condition que chaque arpent sis entre l'étang et les vieux fossés paiera 2 deniers ; que le moulin avec l'étang sera à l'abbaye, à condition que lesdits hommes y feront moudre leurs grains et auront chemin pour y arriver ; la pêche réservée. Témoins : Guillaume maréchal, Girard Eventatus, Habran de Provins, Adam Bridène, Thibault Revelarz, Artaud, chambrier, Milon de Provins, Thomassin de Clauso. Fait à Sézanne, Etienne, chancelier.

1177

Le même condamne lesdits hommes de Maurupt à cause des dommages causés par eux aux moines à leur payer 20 livres ; mais déclare que cette somme leur a été remise après abandon volontaire du pré donné à l'abbaye par Riche Morel de Scrupt, et défriché par eux, où lesdits hommes avaient l'usage.

1. Le prieuré de Sermaise, dont les archives n'existent pas au dépôt de la Marne, dépendait de l'abbaye de Saint-Claude (autrefois Saint-Oyan). Les moines de Sermaise et ceux de Cheminon eurent de perpétuels démêlés.
2. Abbaye de la Ferté-sur-Grosne, diocèse de Châlon-sur-Saône, première fille de Citeaux.
3. Au mois de novembre 1200, le comte de Champagne accorde à ses hommes de Maurupt une charte de franchise.

Témoins : Thibaut de Fismes, maitre Hugues de Morampont, maitre Philippe, Anceau de Trainel, Guillaume, maréchal, Girard Eventatus, Renaud Baez, Artaud, chambrier, Milon de Bréban, Fait à Provins, Etienne, chancelier.

1178

Le pape Alexandre déclare placer l'abbaye sous la protection du S. Siège et y approuve l'adoption de la régle S. Benoit. Il confirme tous les biens possédés par elle et ceux qu'elle acquèrera à l'avenir. Pour le présent :

« Locum ipsum in quo prefatum monasterium situm est cum omnibus suis pertinenciis ; grangiam de Togni cum pertinenciis suis ; grangiam que dicitur Bellus Mons, cum pertinenciis suis ; grangiam que decitur Bruisson cum pertinenciis suis ; ex dono Letardi de Barris, terram in valle Reinardi, usque ad Duram fossam et pratum quod dicitur Fritingni, assensu comitis Henrici de Campania ; ex dono Roberti de Bloismo et Rogeri et Anselmi fratrum ejus et eorum uxorum, terram a Durafossa usque ad vadum quod vocatur Chiminon ; usuarium in nemore ipsorum fratrum. Ex dono Guidonis de Strepeio, nemus quoddam ad faciendum pratum sexaginta falcaturarum. Ex dono ejusdem Guidonis sedem molendini in aqua que Saus dicitur ubicumque vobis melius visum fuerit, et piscaturam in eadem aqua in quantum supradictum pratum protenditur ; et viam per nemus de Strepeio usque ad idem molendinum, et pasturam per omnem terram suam et per prata sua. »

De plus le pape permet aux moines de recevoir les clercs ou laïcs qui veulent quitter le monde ; défend à nul frère ayant fait profession à Cheminon de quitter l'abbaye à moins d'autorisation commune ; défend de pénétrer dans la cour du monastère, etc. Le tout sous la continuation du cens de 12 deniers, monnaie de Châlons.

1178

Aumône faite à l'abbaye pas Guy d'Etrepy (*de Stirpeio* [1])

1. Guy, éteit fils de Gautier, arrière petit-fils de Widon d'Etrepy, cité plus haut ; son fils mourut sans postérité en 1220 et la seigneurie d'Etrepy

du consentement de sa femme, de sa mère, de Henri, châtelain de Vitry[1], d'Aubri d'Amance et de sa femme, sœur
dudit Guy, de 60 fauchées de prés, avec le droit de construire
un moulin à eau au choix des religieux, passage dans les prés,
pèche, pature dans les plaines et les bois moyennant un cens
annuel de 12 deniers à la S. Jean-Baptiste, et la célébration
d'un service annuel pour Guy et pour son père, auquel jour,
« *conventus habebit pitanciam.* »

Témoins : Garnier d'Etrepy, Viard de Cheminon, Hugues
de Maurupt, prêtres ; Roger de Chimay, Milon d'Autry, Robert
de Blesme, Bérenger.

1179

Bulle d'Alexandre III autorisant les personnes se retirant en
l'abbaye à recevoir dons et legs au profit d'icelle.

1180

Le comte de Champagne approuve la vente faite par Odo de
...., chevalier, pour 280 livres de sa terre de Garsault, contenant 80 journées, mesure de Larzicourt.

1180

Guy, évêque de Châlons déclare que le seigneur du Plessis a
cédé plusieurs terres au même lieu.

1180

Pierre, abbé de Clairvaux, fait connaître l'accord intervenu
entre les abbayes de Cheminon et de Trois-Fontaines au sujet des pâturages qui devront être entièrement communs, sauf
que les moines de Cheminon ne pourront enlever de glands que

---

retourna alors à la femme d'Aubri, seigneur d'Amance, laquelle à son tour
la laissa à Beaudoin dit Taillefer, son fils.

1. Henri de Rethel, châtelain de Vitry, dont la veuve, Helvis, épousa
Renard II de Dampierre-en-Astenois ; celui-ci administra le châtellenie de
Vitry jusqu'à la majorité du fils aîné de Henri de Rethel.

pour la consommation de leurs porcs ; pour consolider cet accord, ledit Pierre, du consentement de Trois-Fontaines, donne à Cheminon le bois dit *Malla berbis* [1], tel qu'il se comporte entre le champ et le ruisseau, le champ demeurant en paix à Trois-Fontaines avec l'aumône de Pierre, fils de Huldric, de Anseau et de Robert, frères, sauf ce que les moines de Cheminon y possèdent qu'il garderont avec le pré de Beaumont et en plus une rente de 4 hêtres dans le bois de Trois-Fontaines. Il fut encore stipulé que Trois-Fontaines aurait le droit d'acquérir le bois Robert et d'y construire une grange, réservée la jouissance que Cheminon y avait présentement, sans qu'elle puisse y acquérir le fonds et en renonçant à tout autre usage dans les bois de Trois-Fontaines ; les deux parties convenant de pouvoir acquérir et bâtir une grange dans les usages l'une de l'autre, à l'exception du bois Adam où Cheminon ne pourrait rien bâtir. Témoins : les abbés Hardouin de Larrivoir, Eustache de la Chalade, Girard de Haute-Fontaine, Etienne d'Orval, Helin de Chéhery et les moines de Clairvaux, Raoul d'Amiens, Jean de Possesse et frère Transmundus.

1181

Henri, châtelain de Vitry, déclare que Gaucher d'Etrepy a donné à l'abbaye autant de bois qu'il en faut pour avoir 100 fauchées de pré, du consentement de sa femme, sous un cens perpétuel de 2 deniers par fauchée à la S. Jean-Baptiste. Témoins : Bernefroid, prieur de Cheminon, Hardouin, moine, m° Nicolas, Renard, comte de Dampierre, Roger de Chimai, Bertrand de Ste-Menehould [2], Herlebaud de Bussy, Walo de Favresse, André de Tenuin, Nicolas de Blesme, Guillaume Fornarius. A Vitry, sceau rond, cire rouge : † SIGILLVM. HENRICI. CASTELLANI. VITRIACI. Cavalier armé.

---

1. Maillebrehis, bois au territoire de Cheminon-la-Ville, adjugé à l'abbaye de Trois-Fontaines contre la communauté des habitants en 1270 par Erard d'Aunay, maréchal de Champagne, arbitre.

2. Bertrand, seigneur de Sainte-Menéhould, fils d'Albert et petit-fils de Raoul, dit aussi seigneur de cette ville.

1183

Gui, évêque de Châlons, déclare qu'Aubri d'Amance, du consentement de sa femme Isabelle et de Baudouin, son fils, dit Taillefer, approuve le don fait précédemment à l'abbaye par Gui d'Etrepy de 60 fauchées de prés, une place de moulin à eau avec les deux bords du ruisseau, au choix des religieux et un chemin pour y arriver, la pêche le long du pré, l'usage de tous ses prés ; lesdits donnant en outre autant de forêt qu'il en était nécessaire pour établir 100 fauchées de pré, sous un cens de 12 deniers au seigneur d'Etrepy, pour l'aumône du seigneur Guy, et 12 autres pour celle des cent fauchées. Témoins : Thibaut, abbé de Vaux-en-Ornois, Fulbert, abbé de Haute-Fontaine, Thomas de S. Pierre de Châlons, Guy de S. Martin d'Huiron, Nicolas doyen de Vitry, Richer, curé de Vulaines, Geoffroy de Munceum, Rigaud de Burrei, Renard de Chevillon, Renard, son neveu, Adam de Cousances, Robert de Blesme, Vautier de Troyes.

Grand sceau épiscopal.

1184

Charte par laquelle Henri comte de Mousson déclare que Baudouin de Bar, son homme, renonce au tort qu'il faisait, justement ou non à l'abbaye, en conservant les dixmes des terres qu'il tenait de Létard de Bar. De plus il lui fait des donations en terres, maisons, (*domos rusticas*), et bois. Témoins : Roger, abbé de Trois-Fontaines, maître Falcon de Bar, Viard de Cheminon, Vauthier de Moigneville, prêtres. Geoffroy de Mousson, Regelin de Bar, Hugues cognatus, Baudouin, chevalier, Bérenger de Hez et Pierre, son neveu.

Grand sceau rond avec cavalier, cire rouge.

1185

Acte de société conclu entre les maisons de Cheminon et de Sermaise, à condition que chaque religieux prêtre dira une messe pour les moines venant à mourir, et que chaque religieux non prêtre récitera à cette intention cinquante psaumes et ceux ne sachant pas lire, un *pater*. Témoins : Bernard, prieur de S. Oyan, Bernard de Toria, Renaud, Hubert, moines ; Eustache, prieur de Sermaise, Martin, moine, Viard, convers, Viard, prêtre de Cheminon, Viard, son neveu, Pierre, clerc de Maisons. Approuvé par Guillaume, abbé de S. Oyan, qui confirme en même temps l'acte ci-dessus de son prédécesseur Adon et l'accord par lequel le prieuré de Sermaise renonce au profit de celle de Cheminon à l'usage du bois d'Adam de Cousance.

1185

Gui de Dampierre, chevalier, déclare comme suzerain que N. de Luistre a donné *tous ses biens* sis audit lieu, consentant sa femme Isabelle et leurs enfants Alolde, Pierre, Etienne, Odon, Nicole, Isabelle et Adeline.

1185

Bulle de Lucien III défendant de prononcer aucune censure contre l'abbaye sans l'autorisation spéciale du Pape.

1185

Charte de Gui, évêque de Châlons, par laquelle il annonce que *Walo de Faveresse* a donné à l'abbaye un pré voisin de la maison de Boisson. De plus, que Roger de Verzy (*Verziaco*) a donné 2 septiers de blé sur la grange de Togny (*Toegni*).

Guy, évêque de Châlons, fait savoir que Walo de Favresse a donné un pré situé près de sa maison de Boisson le jour de la mort de son père, à l'abbaye de Cheminon. Depuis il a ajouté le don de de tous ses prés de Haute-Rive, consentant sa femme, ses fils, Guillaume de Greva, sa femme, les fils de sa femme, Adam et Colet, pour la portion que Walo tenait en fief dudit Guillaume, à charge de payer 12 deniers de cens à l'héritier de Odon de Ponthion. — L'évêque fait savoir en outre que Roger *de Verziaco*, consentant sa femme, son fils et Iwenus, son frère, a donné une rente de 2 septiers et une mine de blé qu'il percevait sur la grange de Togny ; — que Richer, de

Châlons, a vendu sa maison en cette ville. Témoins des deux premiers actes : Nicolas, prévot, Viard, son frère, Robert de Blesme, Roger, son frère. — Pour le troisième, Pierre, prêtre des Infirmes, Hugo, mercensire, Roland de Porta, Jean de Angulo, Milon, censitaire, Guérin de Graveria et autres non nommés

1187

Pierre, évêque de Toul[1], et Thibaut, abbé de Vaux, font comme arbitres cesser une discussion au sujet du bois Adam entre les abbés de Cheminon et de Val Secret.

Témoins ; Richard, abbé de Belcamp[2], Haimon, archidiacre de Toul, Garnier, doyen de Verdun, m° Sicard, m° Bonvallet, Martin, notaire, etc.

1187

Garnier, abbé de Clairvaux, au sujet du différend pendant entre les abbayes de Cheminon et de Trois-Fontaines pour les bois de Mallaberbis et du ruisseau, déclare que le mot ruisseau (*rivulum*) désigne le Braidis, suivant la charte du comte Hugues : il ajoute que la maison de Trois-Fontaines aurait le passage au Champ *Cuteis* quand il ne sera pas ensemencé.

1187

Ego Henricus, Trecensium comes palatinus, notum facio presentibus et futuris, quod, cum monachi de Cheminum molendinum haberent apud Cheminum villam, ipsi dederunt illud Ade de Commarchi, heredi Letardi de Barro, in excambio pro his, que habebat in foresta de Luoer, tam in nemore, quam in plano. Hoc autem ego laudo et confirmo. Laudavit etiam uxor ipsius Ade Hawidis et filius ejus Letardus. Et quoniam idem Adam, ea que eisdem fratribus dimisit, de feodo meo tenebat, ipse, in hujus rei concambium, dictum molendinum de me suscepit in feodo. Et sicut ecclesia de Cheminum

1. Pierre occupa le siège de Toul de 1165 à 1192.
2. Diocèse de Nancy : Robert y paraît comme abbé de 1182 à 1190.

dictum molendinum in elemosina parius possidebat, sic de cetero predictum nemus in elemosina possidebit, retento michi
tantum tercio denario, si quid de eo venditum fuerit. Si vero
nichil de nemore venditum fuerit, in eo nichil habebo. De
omnibus etiam forefactis terciam partem habebo, et de uno
quoque jugere terre, quod ab hominibus de partibus illis cum
carruca versabitur, nummum unum habebo. De eo vero, quod
monachi ad proprios usus excolent, nichil michi reddetur.
Conventum est autem inter ipsos fratres et Adam, quod ipsi
fratres inter Cheminum abbatiam et abbatiam Trium Fontium molendinum edificare non poterunt, unde molturam acci-
piant, sive quod alicui alii per excambium dimittant, sive a
manu sua quoquo modo possint alienare. Ad proprios autem
usus suos tantum modo illud facere poterunt. Piscariam autem prefati molendini retinent memorati fratres in manu sua,
hoc tamen excepto, quod, cum idem Adam voluerit, ad exclu-
sarias tendere poterit in capturam piscium : ipsis autem fratribus hoc facere non licebit. Quotiens etiam ipse Adam presens
fuerit, ad proprios usus tantum modo piscari poterit in stagno,
aliter autem non licebit ei. Concesserunt autem ipsi fratres
eidem Ade, quod ad reparationem molendini usuarium suum
habeat in terra, que undique est ejusdem molendini, ita tamen
ne ultra modum sit ad dampnum ipsor... fratrum. Concessit
quidem Adam ipsis fratribus, quod, si ab aliquo super eodem
excambio adversus eandem ecclesiam calumpnia emerserit,
ipse Adam eis garanteiam portabit et defensionem. Concessi
etiam eisdem fratribus, ut fontem, qui est juxta grangiam
suam de Bello Monte, includant infra clausuram ejusdem
grangie. Insuper et elemosinam, quam Nicholaus, prepositus
Vitriaci eis dedit, scilicet XXI denarios censuales de pratis
quibusdam, que idem Nicholaus de me tenebat in feodo, eis
concessi et laudavi in perpetuum. Hec autem ut nota permaneant et rata teneantur, litteris annotata sigillo meo confirmavi.

Actum apud Trecas, anno ab incarnatione Domini M°. C°.
LXXX°. septimo. Datum peo manum Guidonis, cancellarii,
nota Willermi.

Grand sceau de cire verte.   (Archives de l'Aube).

1187

Approbation par Bernard, abbé de Saint-Oyan de l'accord intervenu entre Cheminon et Sermaise et approuvé par ses prédécesseurs Adam et Guillaume. Témoins : Bérard, prieur de Saint-Oyan, Guy, prieur de la Ferté, Eustache, prieur de Sermaise, Pierre, camérier de Saint-Oyan.

1187

Bulle de Grégoire III confirmant l'adjudication du bois Adam à l'abbaye contre celle do Val Secret, suivant le jugement de l'abbé de Vaux et de l'évêque de Toul.

1187

Bulle de Grégoire VIII énumérant les biens de l'abbaye.

Locum abbatie.
Grangiam de Brossun.
— de Belli montis.
Grangiam de Braidi,
— juxta abbatiam.
— de Tornai.
Terram Petri filii Hildrei.
Terram Anselmi et Roberti de Belesma.
Sexaginta falcatas prati ex domo Guidonis de Stirpeio et usuarium in omnibus suis bonis de Stirpeio cum pastura.
Centum falcatas ex dono Albrici de Asmantia et Elysabeth uxoris sue atque Balduini cognomento Taillefer, cum assensu Gaucheri de Stirpeio.
Ex dono Henrici comitis pratum dictum Prepositi.
— Walonis de Favereciis pratum quoddam ex utraque parte alte ripe.
Totum nemus quid fuit Ade de Comarchi.
Totam vallem Reinaldi.
Altare de Malorivo.
Molendinum ejusdem ville.
Nemus quod dicitur Malberbis, cum fundo sicut dividitur inter campum et rivum Braidi.

Terram redditam a Letardo de Barro.
— datam ab eodem.
Pratum de Fretiniaco.
Jus in villa, decimis terragiis et altari de Cheminon.
Terram Richerii conversi abbatie, filii Gliberti.
— Geraldi et Hugonis, filii sui.
Confirmationem cum monachis de Salmasia super usuario nemoris Ade et valle Reinaldi.
Compositionem cum Balduino de Barro cognomento Foace super quibusdam.
Sententiam quam P. Tullensis, episcopus, et T., abbas de Vallibus super usuario nemoris Ade contra abbatem et fratres Vallis Secrete pro Cheminum promulgarunt [1].

1188

Ermengarde du Plessis [2], du consentement de ses fils et filles, a donné tout son bien sis à Tournay, bois et terres : consentant Eustache, son mari ; Eustachie, fille de celui-ci et femme d'Aubert, fils aîné d'Hermengarde ; Henri, châtelain de Vitry, suzerain ; Hedwide sa femme : Hugues leur fils. Témoins : Gaucher d'Etrepy ; Bertrand de Sainte-Menehould ; André de Tanuin ; Baudouin de Novelise ; Guillaume Fournier, Hugues Bordel, Clarembaud de Somme-Vesle [3]; Henri, prévôt du châtelain. Ledit Henri, châtelain de Vitry, approuve, en outre, le don fait par Gales, son homme, de Favresse, de son bien sis à Hauterive. Fait à Somme-Vesle.

Grand sceau rond, cire brun : †. SIGILL. HENRICI. CASTELLANI. VITRIACI. Cavalier à gauche, lance en arrêt.

1. Les bulles suivantes sont identiques : Célestin II [e], III, 1194. — Lucien, III, 1184. — Lucien, III, 1180. — Alexandre, III, 1160. — Urbain III, 1186 [e] — Alexandre, 1173.

2. Ermengarde, nièce d'Albert, seigneur du Plessis comme son père Eustache, se remaria avec Eustache, chevalier, qui avait une fille qui épousa Albert sus-mentionné, lequel se croisa en 1213.

3. Canton de Marson. — Clarembaud paraît le dernier de sa famille : Somme-Vesle passa après lui à Henri, châtelain de Vitry.

1188

Charte confirmative dudit acte par Henri, comte de Champagne.

1188

.Confirmation de ladite donation par Henri, châtelain de Vitry, comme suzerain, du consentement de sa femme Hedwide, de son fils Hugues, en présence de Gaucher d'Etrepy ; Bertrand de Sainte-Menehould ; André de Tanuin ; Baudouin de Novelise, Guillaume Fournier. Hugue Bordel, Clarembaud de Somme-Vesle ; Henri prévôt du châtelain.

Dans le même acte, Henri confirme encore le don fait à l'abbaye d'un pré par Gales, son homme, de Favresse, sis « super Altam Ripam ». Acte passé à Somme-Vesle.

Grand sceau rond, cire brune : Cavalier armé : †. SIGILL. HENRICI. CASTELLANI. VITRIACI.

1189

Défense du chapitre général de Clairvaux de bâtir grange à moins d'une demie lieue de l'une et de l'autre abbaye.

1189

.Henri, comte de Mousson octroie le droit de passage dans toute sa terre. Témoins les abbés Roger de Trois-Fontaines, Delamicus de Moutiers, Haymon de Vallées, Geoffroy, maire de Trois-Fontaines, Ver..e, chatelain de Bar.

....

Charte non datée par laquelle Renaud, comte de Mousson (Montionis comes), consentant Agnès, sa femme, donne libre passage sur toutes ses terres. Témoins : Hugues de Vaudemont, Pierre, Hugues de S. Benoit, chevaliers du Temple, Mº Falcon, chapelain de l'église de Bar. Létard du Donjon, chevalier.

Grand sceau au cavalier, brisé.

1189

Gui, sire de Dampierre[1], donne une rente de 5 muids de vin de sa vigne de Moëlain, un demi-muid de blé sur ses moulins de S. Dizier, à cette condition que si la vigne ne produisait pas 20 muids — le seigneur en ayant donné précédemment 10 à Trois-Fontaines et 5 à Haute-Fontaine, — ce qui manquerait pour parfaire la rente de Cheminon lui serait alloué l'année suivante. « Et sciendum est quod hanc elemo-« sinam si de via Jherosolimitana rediero non nisi mee volun-« tati arbitrio possidebunt, dum modo ibi morabor vel preter-« quam obiero libere et absolute eam habebunt in perpetuum. » Ce qu'approuve Milon, frère du donateur. Témoins : Adam, prieur de Trois-Fontaines, Henri, convers dudit lieu, Herbert, moine de Haute-Fontaine, Gaucher d'Etrepy, Oger de Saint Chéron, chevaliers.

1190

Guiard, seigneur de Reynel, consentant Thibaut, son fils, donne l'usage de toutes les patures de Mognéville, et dans celles qu'il acquérerait.

Sceau rond, grand, brisé. — Cavalier ; sur le bouclier on semble distinguer un écusson en abyme.

1190

L'abbé de Cheminon déclare avoir acheté à Jean, seigneur de Luxémont[2], une part de la forêt de Tournay et avoir obtenu l'approbation de Henri, châtelain de Vitry, comme suzerain, moyennant le don d'un cheval, en présence de Constant, prêtre et scribe ; Gui de Sainte-Menehould, Isabeau, femme d'Aubri d'Amance, Gautier, changeur, Dautrannus.

1. Gui de Dampierre-Saint-Dizier, revenu en 1197 de la croisade et marié à Mahand de Bourbon.
2. Frère cadet de Geoffroy de Luxémont, chevalier, fils de Bertrand ; sa sœur Hodierne épousa Hugues de Bussy ; il était aussi seigneur de Tournay et n'eût qu'un fils naturel, Jean le Bâtard, après lequel le fief de Tournay passa en entier à l'abbaye.

1190

Le comte Henri de Champagne donne pour après lui tout ce qu'il avait à Cheminon-la-Ville sauf les hommes, la justice et le bois ; ajoutant en outre 9 sols à la redevance annuelle de 31 sols donnée précédemment par lui à l'abbaye pour investiture ; accordant enfin franchise pour une maison à Vitry et pour le pré acheté au territoire de Plichancourt à Renier Guy, en son fief, les pâtures de Chappes pour en jouir avec la même liberté que l'abbaye de Haute-Fontaine.

Mai 1192

Accord entre les abbayes de Cheminon et de Trois-Fontaines obtenu par Guy, abbé de la Chalade, Remi, abbé d'Orval, Fulbert, abbé de Haute-Fontaine et D...., abbé d'Argonne [1], par lequel les moines de Cheminon qui avaient bati malgré l'ordre du chapitre général dans leur tuilerie (*tegularia*) de Removal, ne construiraient plus rien sans l'autorisation dudit chapitre à moins d'une demie lieue de la maison.

Les quatre sceaux ovales, petits, mais brisés.

1192

Marie, comtesse de Troyes, fait savoir que Robert de Belesme, reconnut devant elle avoir à tort pris une rente de six septiers de blé et autant d'avoine que les religieux percevaient par don du comte Hugues de Troyes, et pour les indemniser de sa longue possession il leur céda une rente de 6 deniers par eux dus à lui et à son frère Roger sur la grange de Beaumont, consentant Alberic, fils de Robert, Gautier, chancelier.

1194

R. doyen de l'église de Reims, Th. chantre et J. chanoine de la même église, font savoir que le pape les a chargé d'appaiser la controverse entre l'abbaye de Cheminon et le chapitre Saint-Etienne de Châlons et l'abbaye S. Pierre-aux-Monts au

1. Moustier-en-Argonne, abbaye cistercienne, près de Sainte-Menehould, fondée en 1135.

sujet de l'église de Maurupt: les trois églises se partageront également les oblations, etc., et présenteront de même à la cure alternativement [1].

Un seul des sceaux subsiste, mais il est brisé.

1194

L'official de l'évêque élu de Châlons [2], Paien et Evrart, doyens, font savoir que Baveiers prenant l'habit dans l'abbaye, a donné trois maisons, du consentement de sa femme Marie, plus une quatrième qu'il laisse viagèrement comme douaire à sa susdite femme, laquelle renonce à toutes les réclamations.

1195

Le comte Henri de Troyes décide que le don de ses biens sis à Cheminon-la-Ville [3], précédemment fait par lui pour après son décès, aura un effet immédiat.

1196

Gaucher d'Etrepy donne ses terres et bois sis entre Saint Vrain et la Saux, la fontaine Rarun et le ruisseau Gernas, consentant sa femme Ermengarde, leurs fils et fille.

1197

Renard, comte de Dampierre, châtelain de Vitry, du consentement de Helvis, sa femme, donne en aumône et à perpétuité le droit d'acquérir dans toutes les dépendances de sa châtellenie, par achat, échange ou autrement, c'est-à-dire : « A Vitriaco Castello usque ad Agencele (?) et inde usque ad

1. A la suite de graves discussions, une sentence avait enlevé l'autel de Maurupt aux trois compétiteurs pour l'attribuer au doyen de Vitry, mais une charte du comte de Champagne, en 1177, le leur rendit pour exercer chacun les droits une année sur trois. C'est cette décision que l'autorité ecclésiastique régularisa par l'acte que nous analysons.

2. Rotrou du Perche, mort en décembre 1200.

3. Canton de Thiéblemont. Cette paroisse qui appartenait à l'abbaye avait été par elle pourvue d'une charte ; elle était administrée par un maire et 4 échevins. Les religieux y percevaient un denier par arpent, 10 par fauchée, un sol pour le four par ménage, 3 sols 1/2 par famille pour bourgeoisie, 18 deniers pour les ventes, etc.

Sarmasiam, et inde usque ad villam que dicitur Malus Rivus et inde usque ad Plasseyum [1], et inde usque ad Lucidomontem et inde usque ad Vitriacum. »

Sceau au cavalier.

1199

Rotrou, évêque de Châlons reconnait que Gautier, prévôt, a donné à l'abbaye une maison avec ses dépendances, sise près de Vitry, dans le bourg dit Rachapt (faubourg de Vitry-le-Brulé).

Beau sceau épiscopal, ovale.

1199

Le même fait savoir que Marie, femme de Vautier, jadis prévôt de Vitry, a reconnu en sa présence qu'elle et son mari, n'ayant pas d'héritiers et désirant gagner le Paradis, ont donné ladite maison avec ses dépendances jusqu'à la terre de S. Jacques et 90 journels de terre achetés par eux à Jean, chevalier, de Tournay : André étant abbé de Cheminon.

Même sceau.

1199

Renard de Dampierre, du consentement de sa femme Cécile et de Henri, leur fils, donne 30 journels de terre et autorise l'achat de 38 à Ponthion entre la grange de Tournay et le Brusson. Témoins : Gauthier, prêtre de Ponthion ; Ludo, cellerier ; Odon, moine ; Simon, chevalier de Ponthion ; Milon, mayeur.

1199

Henri de Dampierre confirme cet acte comme suzerain.

1199

Hugues, châtelain de Vitry, confirme les acquêts des moines près leur grange de Tournay ; les dons de Gui, seigneur d'Estrepy et de Vaucher « dominus subsequens ejusdem loci » et approuve ce qu'ils pourront acquérir à l'avenir à Estrepy.

---

1. Hameau du territoire d'Orconte, canton de Thiéblemont,

Grand sceau rond, cire rouge, au cavalier : † SIGILLVM
HVGONIS DOMINI DE SVMMA VITVLLA.

Barthélemy, évêque de Troyes[1], notifie que dame Hawide a
donné le four de sa ville de S. Augustin. Témoins : Renaud,
prêtre de Châlons, Frédéric, époux de la donatrice, Adam son
serviteur.

—

Pierre, abbé de Clairvaux[2], décide que les abbayes de Cheminon et de Trois-Fontaines auront les pâturages communs
ainsi que la glandée et les herbages, mais que les moines de
Cheminon ne pourront emporter de glands.

—

Le sieur d'Arzilières[3] atteste que Jean de Tournay, chevalier, a donné une rente de 2 muids de blé sur la grange du
lieu.

Sceau rond, cire brune, écu triangulaire chargé d'une face ;
il est brisé.

—

Gui, chevalier, de Somme-Py donne tout ce qu'il a à
Luistre et une famille.

—

1. Barthélemi fut évêque de Troyes de 1182 à 1186.
2. Pierre gouverna Clairvaux de 1190 à 1193.
3. Arzilières était un des principaux fiefs de Champagne avec le titre de
baronnie, mouvant du roi avec 36 fiefs. Henri, sire d'Arzilières revint, en
1202 de la croisade. Ses descendants héritèrent à la fin du xive siècle de
Dampierre-le-Château, et la dernière Arzilières porta tous ces domaines en
mariage à la maison de Hangest d'où ils passèrent aux Grandpré, barons de
Hans. (Canton de S. Remy).

5

Henri, comte de Mousson [1], fait savoir que Baudouin de Bar son homme, reconnaît ses torts envers l'abbaye pour la dîme des terres tenues par Létard de Bar et abandonne ses droits s'il en avait, tant sur les terres cultivées par les moines que sur celles qu'ils pourraient acquérir ou recevoir des paysans (*rustici*) du fief de Létard ou d'Adam de Commercy, relevant dudit Létard, ou encore des défrichements qu'ils feraient dans le bois qui appartient à Adam. Approuvé par Hode, femme de Baudouin, les moines leur accordant leurs prières, vivants ou morts.

—

Gui, évêque de Châlons [2], déclare que André de Coulmiers, Herbaud et Jean, ses frères, Richer, fils de Pierre de Rui, consentant leurs femmes, fils et filles, ont vendu pour 15 liv. et un cens de 11 den. à la Saint-Jean un pré; cautions : Pierre, Bonel, Odolet, Remi, « qui sunt a Cappis; » Odon, chevalier de Pogny, Jean, son frère. Témoins : Gui de Roucy, archidiacre, Hugues, curé de Breuvery, Milon de Gardo.

—

H. d'Arzilières [3] certifie que Jean de Tournay, chevalier, a donné la rente de 2 muids de blé qu'il percevait sur la grange de Tournay.

Sceau rond, grand, brisé, au cavalier; sur son bouclier, une face seule.

—

Le doyen du chapitre de Châlons, par l'entremise de R. doyen, Th. chantre et F. chanoine de Reims, s'accordent avec les abbayes de S. Pierre-au-Mont et de Cheminon au sujet de l'église de Maurupt, en ce sens que les offrandes et les dîmes seront partagées également comme le droit de présentation [4].

---

1. Nous avons vu précédemment des chartes du même de 1184 et 1189.
2. Évêque de 1162 à 1191.
3. Revenu de la croisade en 1202.
4. Voir l'acte de l'année 1194.

Sceau ovale : †. S. CAPITVLI. SCI. PETRI. CATHAL.
S. Pierre bénissant.

———

Charte de Gui, évêque de Châlons approuvant les accords
contenus dans les deux chartes relatives aux hommes de
Maurupt ; — la reconnaissance par Létard de Bar qu'il a dé-
tenu à tort le don fait par le comte Hugues, donnant en outre
une compensation en terre avec l'usage de ses terres, eaux et
bois pour batir et paturer ; — la renonciation de Baudouin de
Bar susmentionné faite en présence du comte de Mousson ; —
le don de la terre sise en la forêt de Luiz par Pierre, fils de
Huldric de Vitry ; — le don du pré de Morello-Vado défriché
par les moines, concédé par le comte Henri de Troyes avec
remise du cens de 20 deniers ; — le don de ses biens sis à
Cheminon-la-Ville ; — celui de Vaucher d'Etrepy relatif à
100 fauchées de pré à défricher.

Témoins : Jean, abbé de S. Memmie, Thomas de S. Pierre-
au-Mont, Roger de Toussaint [1] ; Mathieu de Vassy, Renaud,
archidiacres, Guy Salmun, Robert, chanoine de Reims, Nicolas, doyen de Vitry, Gerard, archidiacre et chancelier.

1200

Rotrou, évêque de Châlons, déclare que Hugues, chevalier,
de Bussy [2], Odierne, sa femme et sœur de Jean, chevalier, de
Tournay, ont approuvé les acquêts que les moines pourraient
faire à Tournay, sur le fief dudit Jean ; — que Nicolas de
Blesme a aumôné le pré Belyn sur le Brusson et les cens des
prés qui seraient acquis dans l'avenir ; — que Aubri de
Blesme et Guillaume, son frère, ont aumôné le pré Preus, une
demie fauchée, et partie des dîmes qu'ils prélevaient sur les
biens de l'abbaye, sis au territoire de Blesme et le terrage de

1. Jean et Roger étaient abbés en 1174, Thomas se croisa en 1187.
2. Bussy-le-Repos, appartenant aux seigneurs de Possesse, canton de
S. Remy.

douze journels au même lieu, moyennant un cens annuel de 6 deniers.

Sceau épiscopal, ovale.

1200

Accord obtenu par D., abbé de S. Loup [1], L. de Saint-Martin [2], J. doyen de S. Pierre de Troyes, commissaires pontificaux, par lequel l'abbaye de Cheminon n'aura plus à payer à celle de S. Memmie pour les terres de Tournay soumises à la décimation de ce dernier monastère que la 34º gerbe et la 24º pour les terres qui seraient acquises à l'avenir.

1201

Rotrou, évêque de Châlons, fait savoir que Hugues, châtelain de Vitry donne à l'abbaye tout ce qui dépend de son fief de la châtellenie de Vitry, près de la grange dite Tournay.

Il autorise toutes les donations à venir au même lieu, plus la donation de Gui, seigneur d'Étrepy, et de Vaucher, « subsequens » seigneur du même lieu.

Sceau épiscopal ovale.

1202

Donation d'une rente en grains par Henri d'Arzilières.

Ego Henricus de Arzilleriis notum facio universis tam presentibus quam futuris quod dum paratus essem ad arripiendum sanctum iter Jerosolomitanum amplius etiam pro excessibus meis deo satisfactione desiderans, accedens ad capitulum de Chiminum coram domino abbate A. et universis fratribus, dedi eidem ecclesie in elemosinam, annuente uxore mea domina Agnete pro absolutione anime mee, et predecessorum meorum duos modios annone, unum siliginis et unum avene in decima mea de Joi [3] ad mensuram ejusdem ville, singulis annis reci-

1. S. Loup de Troyes.
2. S. Martin d'Epernay.
3. Le hameau ou village de *Joiaco* au territoire de Coole (canton de Sompuis), a disparu depuis plusieurs siècles.

piendos, ita quod ego vel heres meus vel quicumque eandem decimam tenuerit nichil inde accipiet donec predicti fratres suam portionem integre receperint. Ne vero hec clemosina pie et fideliter concessa quolibet modo a quocunque revocari possit, sigilli mei appensione presentem cartam hec continentem munivi. Actum anno domini Mº. CCº. IIº.

1202

Approbation dudit acte par Blanche, comtesse de Champagne, à la demande de son cher et fidèle Henri d'Arzilières. Fait à Troyes, au mois de mai, par Gautier, chancelier avec le signe de Jean [1].

1202

La même déclare qu'en sa présence, Jean de Tournay a donné à l'abbaye tout ce qu'il possédait audit lieu, sauf le pré, le bois et la terre « quos propriis sumptibus tunc colebat; » a déchargé l'abbaye des dîmes du terrage et de la rente de 2 muids de grains à lui due, bien dotal de sa femme, contre une autre d'un muid et demi sur la grange de Beaumont (11 septiers de blé, 11 d'avoine et 2 de pois). Approuvé par Geoffroy de Luxémont, Guillaume, son frère, Hodierne, sa femme, Jean, Ermengarde, sa fille, Emmeline, sa sœur. Fait à Vitry par Gautier, chancelier, avec le signe de Jean.

1202

Quittance d'une somme due par l'abbaye à Jean de Tournay.

Ego Gaufridus de Lucidomonte, notum facio universis presentes litteras inspecturis, quod Johannes de Tornai, frater meus, cum arripuisset sanctam viam Jerosolomitanam, mandavit michi et fratri meo Willelmo per litteras suas et servientem suum, ut a domno abbate A. de Chiminum reciperemus ex parte ipsius quinquaginta libras quas ipse abbas ei debebat,

---

1. Sur le dos de la charte : B. comitisse de duobus modiis bladi apud Cole.

ea conventione ut cum in manus nostras deveniret prefatum
debitum idem abbas et domus sua omnino inde liberi essent
et liberati. Quod debitum jam recipimus. Insuper et Hodierna
uxor ipsius Johannis nos obligavit plegios apud eundem abbatem et domum suam quod cum filius ejus, nepos noster, ad
etatem idoneam pervencrit, ipsa eundem filium suum ad hoc
inducet, quod ipse laudavit quiquid actum erat inter prefatum
abbatem et patrem suum Johannem. Et ne hec carta ab aliquo
possit infirmari, dignum duxi eam sigilli mei appensione muniri. Actum anno domini M°. CC°. II°.

Mai 1202

Le même déclare que, dans le chapitre de l'abbaye, il a reconnu le don fait au profit de la grange de Tournay par son
frère Jean de Tournay. Témoins : Guillaume, frère de Geoffroy, Houdreus et son fils Pierre, Odon de Larzicourt.

Sceau rond, moyen, cire jaune : écu triangulaire chargé
d'une croix ancrée, accompagné au quartier sénestre du chef
d'un besant. †. S...... FRIDI. DE. L..... MONTE.

1202

Don d'une rente en grain à Colle par Raoul Polevolt, chevalier et Odon Pavo, chevalier.

Ego Henricus de Archilleriis (*sic*) notum facio universis tam
presentibus quam futuris quod Radulphus Polevolt, miles dat
et concedit in elemosinam, et pro Odone Pavo milite, duo sexteria
siliginis singulis annis reddenda usque ad festum Sancti Remigii in te.ragiis de banno apud Collam qui est de meo feodo. Et
ut ista concessio et elemosina firmius permaneat laudo et litteris meis testifico et sigilli mei robur adhibeo. Actum apud
Collam M°. CC°. II°. anno incarnati verbi, mense maio.

Sceau rond, moyen, en cire rouge, bien conservé. † SIGILL.
HENRICI D'ARGILLERES, écu chargé d'une face.

1203

Accord avec le prieuré d'Ulmoy¹ au sujet des dîmes et autres biens de Cheminon.

Ego Nivardus, abbas Sancti Benigni Divionensis et universus conventus ejusdem ecclesie, notum facimus presentibus et futuris, quod laudamus et approbamus compositionem que facta est inter abbatem et conventum de Chiminum, ex una parte, et priorem et sanctimoniales de Ulmeto, ex altera, super quibusdam decimis, altari et furno de Chiminum villa. Ipse etiam prior et sanctimoniales de Ulmeto penitus quittaverunt abbati et fratribus de Chiminum quidquid tenebant apud Chiminum villam in decimis, altari et furno ; nichil penitus in his omnibus sibi retinentes, nec habentes amplius in eisdem aliquod reclamandi potestatem. Et ut hec compositio rata permaneat presentem cartam sigillis nostris munivimus, Actum anno Domini Mᵒ. CCᵒ. IIIᵒ.

1203

Girard, évêque de Châlons, déclare cet accord, prononce l'investiture au profit de l'abbé de Cheminon qui remit alors 65 livres provinoises en indemnité au prieur d'Ulmoy.

Sceau épiscopal, ovale.

1203

Nouvel accord intervenu entre les abbayes de Cheminon et de Trois-Fontaines, par l'entremise de Gui, abbé de Clairvaux, en présence des abbés Richer de la Chalade, Bertrand de Haute-Fontaine, Robert de Montier en Argonne, Raoul de l'Arivour, Evrard de Boullencourt, Gui de Chéhéry, au sujet du bois Adam.

Sept petits sceaux ovales brisés.

1. Le prieuré d'Ulmoy, aujourd'hui hameau de la commune de Maurupt, comprenait au xiiᵉ siècle un couvent double de moines et de religieuses dépendant de S. Bénigne de Dijon.

1203

Gui, abbé de Clairvaux et autres abbés, réunis en chapitre, décident que l'abbaye de Cheminon posséderat les deux bois Adam et Robert avec les terres contigues au ruisseau de Durefosse jusqu'à la pierre de Haynausard et depuis l'épine de Haynausard jusqu'au bois Adam, mais devrat à l'abbaye de Trois-Fontaines le passage au Champ-de-Ville sans recevoir de redevance comme auparavant; que celle-ci aurat seule pature au bois Adam et percevrat dime et terrage sur les habitants de Cheminon cultivant au bois Robert.

1204

G., évêque de Préneste, légat apostolique, déclare qu'en sa présence N., abbé de S. Bénigne de Dijon, a approuvé l'accord intervenu entre l'abbaye de Cheminon et les frères et sœurs d'Ulmoy au sujet des dimes et revenus de Cheminon.

Sceau ovale, moyen : prélat mitré bénissant. †. GVIDO. DEI. GRATIA. PRENEST. EPISCOPI.

1205

Bulle d'Innocent III à l'archevêque de Trèves, exemptant l'abbaye des dîmes des terres, des bestiaux, novales, etc.

1207

Hugues, châtelain de Vitry fait savoir que Jean de Tournay, fils de Bertrand de Luxémont a reconnu avoir donné à l'abbaye toùt ce qu'il possédait à Tournay, en bois, terres et dimes, sauf les terres qu'exploitaient lui et son fils.

Hugues loue cette donation qui relevait de son fief et approuve à l'avenir toutes les donations que Jean et son fils pourraient faire à l'abbaye.

En même temps il approuve de même la donation d'Aubert du Plessis et de ses fils Vaucher et Aubert.

1207

Henri de Dampierre et Cécile, sa femme, ses fils et ses filles consentant, donne tout ce qu'il possède entre la Marne

et le Broisson, sauf les hommes, les masures où ils demeu-
raient, (*que sepibus claudantur*) le ban et la justice sur eux ; il
cède en plus le droit de pêche et la place pour construire un
moulin. Ce qu'approuvent Renard et Anselme, fils de Renard
de Dampierre, frère de Henri, suzerain [1].

1. Quelques éclaircissements sont nécessaires sur la filiation de la maison
de Dampierre vers cette époque :

Renard I, comte de Dampierre.
Euphemie.
Dominique.

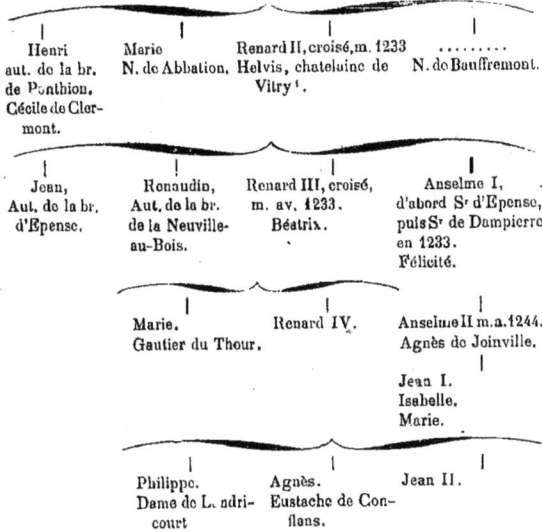

Henri	Marie	Renard II, croisé, m. 1233	....
aut. de la br.	N. de Abbation.	Helvis, chatelaine de	N. de Bauffremont.
de Ponthion.		Vitry [1].	
Cécile de Cler-			
mont.			

Jean,	Renaudin,	Renard III, croisé,	Anselme I,
Aut. de la br.	Aut. de la br.	m. av. 1233.	d'abord S^r d'Epense,
d'Epense.	de la Neuville-	Béatrix.	puis Sr de Dampierre
	au-Bois.		en 1233.
			Félicité.

| Marie. | Renard IV. | Anselme II m. a. 1244. |
| Gautier du Thour. | | Agnès de Joinville. |

Jean I.
Isabelle.
Marie.

Philippe.	Agnès.	Jean II.
Dame de Landri-	Eustache de Con-	
court	flans.	

1. Les châtelains de V... qui viennent après Renard II, sont issus du
premier mari de Helvis ; ils n'appartiennent pas à la maison de Dampierre,
mais à celle de Rethel.

Sceau moyen, rond, cire rouge, cavalier armé, l'écu chargé de faces ou burelles avec lambel. †. SIGILLVM. HENRICI. DE. DAMPETRA.

1207. Juillet (à Sézanne)

Blanche, comtesse de Champagne, approuve le don susdit fait par Henri de Dampierre (*vacante cancellaria*).

Sceau de la comtesse.

1207

Approbation de la même donation par l'évêque de Châlons.

Sceau épiscopal bien conservé.

1211

Par sentence de O. abbé de Saint-Seine, de Jacques, doyen de la même abbaye et d'Hugues, doyen de Fleury, le prieur de S. Thibaut de Vitry renonce pour 7 livres de provinois à ses prétentions sur la dîme de 9 journels de terre à Raine (?) et au champ qui a appartenu à Galon, chevalier de Favresse.

Deux sceaux ovales, moyens, cire brune.

†. SIGILLVM. CONVENTVS. S. SEQVANI. Deux mains tenant une crosse.

†. SIGILL. HVGONIS. DECANI. SCI. SEQVANI. Un saint à mi-corps.

1208. Juillet (6ᵉ férie après Ste-Madeleine)

L'official de Châlons déclare que Raoul, clerc, neveu de Raoul de St-Quentin, doyen de Vitry[1], a reconnu les donations de son oncle des biens sis à Saint-Quentin et ailleurs.

1209

Bulle du pape Alexandre III exemptant de dîmes et novales les terres de l'abbaye.

---

1. S. Quentin-les-Marais, canton de Vitry. Raoul y possédait un château et obtint en 1240 du pape le droit d'y avoir une chapelle privée : il devint chanoine de Châlons.

1209

Samedi dans la quinzaine des SS. Pierre et Paul.

L'official de Châlons fait savoir que Milet, dit la Grange, de Cheminon-la-Ville, a reconnu tenir le pré à la Nave-Pepin, sous un cens de 12 deniers de l'abbaye ; une vigne contiguë sous un second cens de 2 deniers, etc.

1210

Jugement de Raoul, archidiacre et de Hugues, chantre de Châlons, adjugeant moitié de la dîme d'Haussignemont à Bertrand, clerc de Scrupt, contre Asceline, veuve du seigneur du lieu.

1211

(L'acte est sans date ; celle de 1211 est inscrite au dos de la charte).

Accord entre l'abbaye et la léproserie de Sermaize au sujet de l'usage du bois Adam, par l'arbitrage de H. « humble ministre » de l'église de Soissons, F. chantre et G. Pied-de-Loup, chanoine de Reims.

1211

Baudouin, dit Taillefer d'Amance[1] faits avoir que du consentement de Richer. de Robert-Espagne[2], d'Isabelle, sa femme, Aubert, Hugues et Raoul, ses fils et de ses filles, il a fait don à l'abbaye de Nicolas de Favresse avec sa femme, ses terres, prés, meubles et immeubles, sous la caution de Witer, fils de Hildewin.

1. Garnier d'Etrepy (1152) eut un fils, Gui, dont le fils mourut en 1220 sans postérité de sa femme Ermengarde ; et une fille, Isabelle, qui était mariée avant 1178 à Aubric ou Aubert, seigneur d'Amance, et mère de Baudouin qui hérita par elle d'Etrepy. Il revint en 1220 de la croisade et eût de Sybille, sa femme : Garnier, seigneur d'Amance (1248) ; Sybille qui porta Etrepy à son mari, Guy de Chappes.
2. Hameau de la commune de Beurey (Haute-Marne). A., seigneur de Robert-Espagne (1156-1201) eut plusieurs enfants d'Isabelle : Richer, nommé aussi Raoul, était l'un d'eux.

Sceau grand, ovale, cavalier armé : sur le bouclier, fascé avec une bande brochant sur le tout. † SIGVLVM BALDWINI COGNOMENTO TALLEFER DE ASMANTIA. L'épée levée au-dessus du casque.

1212

Gérard, évêque de Châlons [1], certifie que H. abbé de Cheminon et Baudouin d'Amance, dit Taillefer, ont confié le règlement de leurs différends au sujet d'un homme de Bignicourt à Valcher, seigneur d'Etrepy et à Pierre, dit Piper, de Possesse. En conséquence de quoi les religieux cédèrent à Baudouin les menues dimes et autres droits dudit lieu, sauf le blé de Montal (sic) en échange d'un nombre égal de septiers sur la dime d'Etrepy.

1212

Hugues, châtelain de Vitry, déclare que Jean de Luxémont [2] et Odierne, sa femme, ont cédé, sur les instances dudit Hugues et de plusieurs amis, au prix de 40 livres provinoises, une redevance de 29 septiers de blé, 29 d'avoine et 2 de pois, à prendre avant Pàques chaque année ; il s'engage de plus à ne jamais aliéner de ses terrages ou autres droits sinon au profit de l'abbaye qui lui remet pour cela encore 25 sols [3].

Sceau grand, cire rouge, cavalier armé à droite. †. SIGILL. HVGONIS. CASTELLANI. VITRIACENSIS.

1212

Donation par Roger Grosors de Verset de sa dime de Chantecoc.

Ego Blancha comitissa Trecensium palatina. Notum facio presentibus et futuris quod Rogerus Grosors de Verze, laude

1. Gérard de Douai abdiqua en 1215.
2. Jean de Luxémont, fils de Geoffroy, seigneur de Luxémont et de Hodierne, sa première femme, était seigneur de Tournay : nous avons dit qu'il n'eut qu'un bâtard.
3. Sur le dos les moines ont écrit : « Carta quod Johanna de *Tornaco* nunquam terragia sua alienabit a domo de Cheminon. »

et assensu uxoris sue Ide, et filiorum Johannis et Symonis concessit et dedit deo et ecclesie Beate Marie de Chiminum in perpetuam elemosinam possidendam quinuid habebat in tota decima grossa et minuta de Chantecoc, duas videlicet partes tocius ejusdem decime usque ad collem de Romont. Qui Rogerus promisit se in bona fide super eadem decima garanteiam portaturum erga omnes qui voluerint juri stare. Hanc donationem in presentia mea factam laudavi et approbavi. Ut auantem elemosina ista rata permaneat et in posterum inconvulsa teneatur, litteras annotatas sigilli mei impressione firmavi. Actum est hoc anno ab incarnatione Domini millesimo ducentesimo duodecimo.

Sceau ovale, grand, rouge.

† SIGILLVM BL CHE COMITISSE TRECENSIUM PALATINE. La comtesse debout.

† PASSAVANT LE MEILLOR. Ecu triangulaire aux armes de Champagne.

1213

Benjamin, abbé de Braisne, certifie la cession de la grange de Chasson faite par l'abbé de Montcetz au profit de l'abbaye de Cheminon.

1213

Blanche, comtesse de Champagne, déclare que l'abbé de Cheminon cède à l'abbaye de Montcetz deux parts de toutes les dimes de Chantecoc, telles que Roger Grossors de Verzet, chevalier, les tenait quand il les aumona, jusqu'à la colline de Romont, plus une rente de 8 septiers, blé et avoine sur les terrages d'Odon Tokin, et les charruages à Larzicourt, provenant du don de Ferry, chevalier, de Vienne ; plus une rente d'un muid de blé, donné par Odon Pesel de Vauclerc sur la sixième partie de la dime de Montcetz ; un muid de blé et le 12° de la moitié des terrages du même lieu; dans le cas où ces deux articles ne produiraient rien, une rente de 6 septiers de seigle sur le moulin de Maurupt. — En échange l'abbaye de Montcetz cédait la grange de Chasson et toutes ses dépendances, plus la rente de 6 septiers de seigle sur la dîme de Maurupt.

1213

L'évêque de Châlons déclare le don des dîmes de Saint-Lumier par Aubert du Plessis.

1213

Charte de ladite donation par ledit chevalier, du consentement d'Agnès, sa femme, d'Aubert, leur fils et de Viter, son frère, chanoine de Châlons.
Sceau bien conservé.

1213

Approbation par ledit chanoine Viter.
Sceau rond, moyen, cire brune. †. SIGILLVM... .. S. NVLLIVS. LOCI. Dans le champ trois ornements en quintefeuilles.

1213

Gérard, évêque de Châlons, déclare que Asceline, veuve du seigneur d'Haussignemont, a donné à l'abbaye la moitié conservée par elle de la dîme dudit lieu.

1213

Gérard, évêque de Châlons, déclare que par jugement de Raoul, archidiacre, et de Hugues, chantre de Châlons, les dîmes de Haussignemont ont été adjugées à B., clerc de Scrupt contre Asceline, veuve de Jacques, chevalier de Haussiguemont.

1213

G. abbé de Longpont fait savoir que ledit clerc donne à l'abbaye lesdites dîmes et en investit Jean, cellerier d'icelle.

1214

Vaucher d'Estrepy, du consentement d'Ermengarde, sa femme, Vaucher, Guy, leurs fils, Comtesse, Isabelle et Alaïde,

leurs filles, donne 5 septiers de blé et 3 d'avoine à prendre
annuellement à la S. Remy sur ses revenus de Lices.

Sceau : écu chargé de 2 lions.

1214

Hugues, châtelain de Vitry, lègue à l'abbaye de Monstiers,
la redevance à lui due pour le moulin acheté par eux en sa seigneurie à Saint-Mard, la dime de sa vigne de *Malo Pertuso*
la pâture en son domaine audit lieu, Voilemont et environs,
du consentement de sa femme Alix. Fait à Maupertuis, le 4ᵉ
férie après Quasimodo, en avril.

1214

Bulle du pape Innocent approuvant le don d'une rente de 18
septiers de blé et autant d'avoine fait par Aubert du Plessis
sur le terrage de Thiéblemont.

1214

Jean de Luxémont, du consentement d'Olierne, sa femme,
Jean et Geoffroy, leurs fils, Hermengarde, leur fille, donne
tout ce qu'il avait à Tournay, sauf un bois et un pré, soumis à
la décimation des moines.

Grand sceau, rond, cire verte, cavalier armé.

1214

Alard, doyen de *Pratellis*, fils de Nicolas, chevalier de
Blesme [1], du consentement de son frère Odon, chevalier, et de
Comtesse, sa sœur, donne sa dime d'Haussignemont.

Sceau rond, petit, cire rouge. †. S. ALARDI. DECANI. DE.
PRATELLIS. — Aigle essorant.

---

1. Lambert de Blesme participa à la fondation de l'abbaye; un de ses
petits-fils, Nicolas de Blesme vivait en 1181 et eut: Nicolas (1214), Comitisse, Odon et Alard; Odon eut lui-même deux fils : un fils d'un frère de
son père, fut seigneur en partie de Ponthion.

1214

Viter de Bossun (Brusson) et Emmeline, sa femme, donnent Remi de Bignicourt, sa sœur et sa mère, mais réservent leur postérité.

1215

Aubert du Plessis déclare que Roger Pierum a donné sa part des dîmes de S. Lumier.

Sceau ovale.

1216

Pierre, doyen de Vitry, fait savoir que Colard Graviers, de S. Lumier, a donné Hugues le Roux, fils de Simon, son homme, plus un champ et une somme de 17 sols en échange d'un champ à St-Lumier.

1217

Gui de Garlande, seigneur d'Aunoy [1], s'accorde avec l'abbaye :

Les moines posséderont en paix la terre qui joint leur grange de Beaumont dans le fief de Gui et un pré à Pargny, du même fief.

Gui aura en paix le terrage des terres de Luiz en Malru [2], cultivées par les hommes de Cheminon.

De plus il donne 4 septiers froment et 4 d'avoine sur le blé qu'il perçoit annuellement à Etrepy, mesure de Vitry ; le tout du consentement d'Agnès, sa femme.

Grand sceau rond, cire verte. Cavalier armé en surcot, à droite. †. SIGILLUM GUIDONIS DE GARLANDIA.

1. Guillaume, fils d'Anceau, seigneur de Possesse et de Marie, dame d'Aunoy, frère cadet d'Anceau qui continua la ligne des seigneurs de Possesse.

2. Maurupt.

1218. Mars

Baudouin, chanoine de Notre-Dame et official de l'archidiacre de Châlons, fait savoir que Baudouin de Farémont, chevalier, fils d'Ulric [1], chevalier de Bar, a donné tout ce qu'il avait dans la dîme de Goncourt, pour le repos de son âme et de celles de ses ancêtres.

1218. Mars

Donation de la dîme de Bollenvay.

Ego Hugo, decanus Vendopere [2], notum facio omnibus presentes litteras impecturis quod Margareta uxor Giraldi, domini Durnaii, in presentia mea laudavit elemosinam quam Maria mater sua dedit fratribus de Cheminon : scilicet totam decimam quam ipsa possidebat apud Bollenvay ; et Milo, miles, de Cherreveio, sacramento prestito, quod hoc haberet ex mandato predicti Giraldi, eamdem elemosinam laudavit, et plegius est quod sepedictus Girardus si Deus eum de partibus transmarinis reduxerit, predictam elemosinam laudabit et faciet firmiter observare. Actum anno domini Mᵒ. CCᵒ. XVIIIᵒ. mense martio.

Sceau ovale, moyen : S. HVGONIS DECANI VENDOPERE. Saint tenant une palme. Une rose au contre-sceau.

1218. Mai

Cécile de Clermont, dame de Ponthion, consentant ses fils Renard et Henri, renonce devant Jean, grand archidiacre de Châlons, à ses réclamations formulées devant Pierre, doyen, Guibert, chantre et Gérard de Laon, chanoine de Reims, contre la donation faite par feu son mari Henri de Dampierre, des biens provenant de sa dot et sis entre la Marne et le Brusson. Approuvé encore par Anselme, fils de Renard, frère du défunt.

---

1. Ulric se croisa en 1218.
2. Vendeuvre (Aube). — Nous n'avons pu déterminer le nom des localités mentionnées dans cette charte. — Au dos les moines ont écrit : « Decanus Vendopere de decima de Burleinvam. »

1218

Même acte par les trois juges sus-nommés.

Sceaux des deux derniers : le premier, petit, rond, cire verte, †. S. WIBERTI. CANONICI. REMENSIS, La Vierge, assise, tenant l'enfant Jésus et un lys.

Le second, petit, ovale, cire verte. †. SIGILL. GERARDI. DE. LAVDVNO. Moine assis, tenant un livre posé sur un pupitre ; au-dessus un cigne.

1218. Mars

Devant Roland, abbé de S. Pierre-au-Mont ; Hugues, abbé de S. Memmie ; Jean, archidiacre de Châlons, Nicolas, seigneur d'Haussignemont, fils de Milon, chevalier, de Robert-Espagne, croisé, donne son moulin dudit lieu avec l'étang, et, s'il mourait en Terre-Sainte, tous ses revenus de Heiltz-l'Evêque, à condition de remettre viagèrement ceux-ci à sa sœur Florette, religieuse.

Sceau des trois témoins.

1218

Charte confirmative par la comtesse de Champagne, datée de Rosnay-sur-Marne.

1218

Agnès, veuve d'Aubert du Plessis ; Gauthier et Aubert, ses fils, reconnaissent le don fait par leur père et époux des dîmes de S. Lumier.

Sceau rond, grand, cire brune †SIGILLVM. GALCHRI. DE PLASSE. Ecu bandé de six pièces.

1218. Mai

Renard, seigneur de Dampierre, reconnait, comme suzerain, le don de son oncle Henri.

Grand sceau rond, cire rouge : † SIGILLVM. RENARDI. DE DOMNO. PETRO. Ecu triangulaire burelé avec lambel. Même écu au contre-scel.

1218. Mars

Garnier d'Amance, seigneur d'Isles [1], reconnaît que Aubri, son père, et Isabelle, sa mère, ont donné une rente de dix septiers de blé sur le terrage de Bettancourt. Partant pour la Terre-Sainte, il y ajoute une autre rente de 6 setiers au même lieu, du consentement de Comtesse, sa femme, de Baudouin et d'Emmeline, ses frère et sœur.

1219

Vittier, chevalier, seigneur du Buisson, déclare que Renier et Vaulier, fils d'Odes, chevalier, de Blesme, cèdent leur bois provenant de leur père.

Sceau rond, cire brune, † SIGILLVM. WITTER, DOV. BVISSON. Ecu triangulaire chargé de 10 annelets. 3. 3. 3. 1. et une face.

1219

Odes, chevalier, seigneur de Vauclerc, annonce que Miles, son père, a donné la pâture en sa seigneurie ; il donne en outre des terres attenantes à la grange de Tournay, du consentement de sa femme Sophie.

Sceau moyen, rond, cire rouge, † S. HODONIS. DE VALLE CLARA. Cavalier armé.

1219

Jean, archidiacre de Châlons, déclare que Raoul Poilevot, de Montcetz, croisé, chevalier, donne du consentement de Helwis, sa femme, de Thibaut et de Drogon, ses fils, une rente de deux setiers et 1 muid de seigle, 2 setiers d'avoine sur Coole.

Sceau de l'archidiacre.

1220. Veille de S. Gervais

R., abbé de S. Jean-des-Vignes ; G., doyen de Soissons, font connaître l'excommunication papale prononcée contre le

---

doyen, N., archidiacre, et H. la Rride, chanoine de Châlons, à cause de leur sentence pour empêcher l'abbaye de Cheminon de jouir des dîmes de Jouy-sur-Coole. Fait à Soissons.

1220. Mai

Domengin Poinz d'Amour, chanoine de Vitry, garde du sceau de la prévôté du lieu, fait savoir que l'an 1196, le lundi après l'octave de la Nativité de Saint-Jean, il vit la charte de Baudouin Taillefer d'Amance, portant donation des dîmes d'Etrepy.

1220. 4 férie avant la Pentecôte

Geoffroy de Breteguy, chanoine de Soissons ; G., doyen de la grande église ; Raoul, abbé de S. Jean, notifient à E. et A., chanoines de Notre-Dame de Châlons, et à Guérin, chanoine de la Trinité de cette ville, qu'ils ont adjugé à l'abbaye la propriété de la grosse dîme de Jouy-sur-Coole, donnée par Henri, seigneur d'Arzilière, et condamnent son fils Gautier, opposant, aux dépens.

Sceau de l'abbé, du doyen seulement, Geoffroy étant mort au cours du procès.

1220

Don de Etienne de Scrupt avec sa femme par Vittier, chevalier, du Buisson et Isabelle, sa femme.

Grand sceau, même écu que ci-dessus.

1220

Décision de B., vidame ; J, Blanchet, R de Laon, chanoines de Reims, au sujet de la grange de Chasson, contre l'abbaye de Montcetz, au profit de celle de Cheminon.

1220

Jean, archidiacre de Châlons, déclare qu'Odierne, veuve de Jean, chevalier, de Tournay ; Jean, devenu majeur, et Geoffroy, ses fils, renouvellent la reconnaissance de toutes les possessions de l'abbaye sous la seigneurie de Hugues, châtelain de Vitry, moyennant 45 livres provinoises.

1220

Même acte devant ledit châtelain.
Grand sceau avec cavalier.

1220

Vittier, chevalier, du Buisson, donne en indemnité des dé-gats, causés par l'étang que les moines lui avaient permis de faire dans leurs marais, les terrages provenant de sa femme, feue Emmeline, au Buisson, du consentement de Taillefer, seigneur supérieur.
Sceau avec l'écusson à annelets.

1220

Odes, évèque de Toul, fait savoir que Baudouin, chevalier, de Bar, a donné une rente d'un muid de blé-seigle (mesure de Vitry-le-Château) sur ses dîmes de Mognéville ; approuvé par son frère Geoffroy, chevalier, de Bar.

1220

Approbation du don précédent par ledit Geoffroy.
Sceau rond, moyen, cire rouge. † SIGILLVM. DOMINI. GAVFRIDI. DE. BAR., écu triangulaire, chargé de six lions léopardés affrontés, 2 par 2.

1220. Mars

Baudouin, chevalier, dit Taillefer d'Amance, seigneur d'Etrepy, donna la dîme d'Etrepy et de tout le finage et de celui de Bignicourt, et, après lui, la dîme du vinage d'Etrepy, du consentement de sa femme Sibille.

1220. Avril

Charte de Blanche, comtesse palatine de Champagne, qui annonce que « dilectus et fidelis meus Aubertus, miles, domi-« nus de Plasseio » a donné les moulins qu'il avait sous le château de Vitry avec leurs dépendances, eaux, pèche, etc. Pour l'âme de son frère Gaucher, chevalier ; il donne à la même abbaye un muid de froment et un d'avoine à perpétuité sur sa terre de

Tiéblemont. Approuvé par Pétronille, femme de Aubert, et aussi par Eustache de Conflans et Eustache de Vavray, son consanguin. Fait à Vassy.

1221. Janvier

Pierre, curé de la Maison de S. Jacques[1], procureur et maître d'icelle, prend viagèrement de l'abbaye une maison à Vitry, provenant de Gautier le Changeur, bourgeois de la ville. L'abbé y retenait son logis et devait profiter de tous les embellissements.

Sceau ovale, petit. † S. PETRI. SCI. JACOBI. DE. VACO ; une fleur de lys, une croix fleuronnée, un croissant et une rose, l'un au-dessus de l'autre.

1221. Juin

Nicolas, archidiacre ; Hugues, chantre ; Thomas, trésorier, de Châlons, jugeant en appel d'une sentence de l'abbé de Chézy[2] sur un différend entre les mona..res de Cheminon et de Montcetz, décident contre ce dernier.

Sceaux petits, ovales : 1° †SIGILL. HVGONIS. CANTORIS. CATHAL. Moine tenant un livre à deux mains, un oiseau à gauche. Au contre-scel : fleur de lys.

2° † S. THOME. THESAVR. CATHALAVNENSIS. Moine tenant deux clefs d'une main et un flambeau de l'autre : au contre-scel, SECRETVM. MEVM. MICHI., 2 clefs adossées, le soleil et la lune.

3° † S. NICHOLAI. CATHA. ARCHIDIACONI. Saint avec un livre et une palme.

1221. Février

La comtesse de Champagne notifie que Gautier d'Arzilières a cédé deux parts de la dîme de Jouy et de Coole, comme son père les possédait avant de se rendre à la croisade, sauf une

---

1. La maison de S. Jacques était une léproserie à laquelle succéda l'abbaye cistercienne de femmes du même nom au milieu du XIIIe siècle.
2. Près Château-Thierry, diocèse de Soissons. — Nous en avons publié le cartulaire dans les *Mémoires de la Société académique de Saint-Quentin.*

rente octroyée par lui, de 5 muids de blé et avoine, à Erard de Sommiévre [1], et une de deux muids à la dame de Fayel, sa sœur ; des rentes d'un demi muid à Henri d'Alencourt, à la Maison Dieu de Vitry [2], au curé de Coole et Jouy ; enfin 10 setiers et une mine à Hugues Cholet et 4 setiers au prévot de Coole.

1221. Mai

Guillaume, évêque de Châlons, confirme la donation.
Sceau épiscopal.

1221

Même approbation de Hugues, évêque de Langres.
Sceau épiscopal.

1222. Mai

Guillaume, évêque de Châlons et comte du Perche, approuve le don fait par Gautier d'Arzilières de tout ce qu'il possédait à Jouy, Coole et au Mesnil (ad Manilium), ne retenant que les deux parts de la dime réservée par son père, avant de partir •pour la croisade.
Sceau épiscopal.

1222. Juin, veille de SS. Pierre et Paul

Aubert du Plessis, seigneur de Thiéblemont, pour l'âme de son père et de son frère Gaucher, donne une rente d'un muid de blé-avoine, sur le terrage du lieu.

1222. Juin

Guillaume, doyen de la chrétienté de Courtisols, déclare qu'Aubert de Coupéville et Marie, sa femme, cèdent tous leurs droits à l'héritage du seigneur Valo de Favresse.
Sceau avec un griffon assis.

---

1. Canton de Dommartin-sur-Yèvre. Erard eut un fils nommé Etienne qui eut deux enfants : Raoul, moine, et Bambèle, femme de Richard, chevalier. En 1254, Gautier, dit Ballart, chevalier, était seigneur de ce lieu.
2. Hôpital qu'il ne faut pas confondre avec la léproserie.

1222

*Cession viagère de la maison de Cheminon sise à Vitry, à
Pierre, sergent du comte de Champagne.*

Petrus, presbiter domus Dei de Vitriaco, notum facio omnibus presentem paginam inspecturis, quod possessio.... domus
de Cheminon apud Vitriacum, qui fuit Galteri cambitoris, quam
canonici beate Marie Vitriacensis in eadem domo ex parte mea
habebant, Petro de Vitriaco domini comitis Campanie servienti,
toto tempore vite mee concesserunt. Ego autem concessionem
hanc laudavi et approbavi. In cujus rei testimonium presentes
litteras sigilli mei munimine confirmatas eidem Petro habere
concessi. Actum anno gratie M° CC° XX° II°, mense junio.

1222

Accord entre les abbayes de Cneminon et de Saint-Pierre-au-
Mont (Jacques, abbé), au sujet d'une grange que les moines
de cette dernière voulaient bâtir sur un terrain donné à la
première par Jean Courbez pour y rassembler le produit des
dimes perçues par les abbayes à Cheminon et à S. Lumier.
Par l'arbitrage de Raoul, curé de Saint-Quentin et de Pierre,
curé de la Maison-Dieu de Vitry, il fut décidé que les deux
monastères feraient la construction en commun, au prorata
des revenus, c'est-à-dire Cheminon pour deux tiers et Saint-
Pierre pour un.

1223

Approbation de l'échange de la grange de Chasson par H.
chantre et Th. trésorier de Châlons.
Deux sceaux.

1223. Janvier

Jacques, curé-doyen de M.... déclare que Hermengarde,
fille de Jean, chevalier de Tournay, a approuvé les donations
de son père.

1223

Pierre, doyen de la chrétienté de Vitry, déclare l'accord
intervenu entre l'abbaye d'une part et d'autre part Manassès

et Germond et leurs fréres, fils de Walon, chevalier de Favresse au sujet des biens de Tournay.

Sceau petit, rond, cire brune : †. S. PETRI. DECANI. DE.
VITRIACO. Rinceaux.

1223. Mars

Pierre de Vitry lègue la moitié de sa vigne, sis au mont de
Beheru, qui appartint à Jacques Marreur.

1223

Confirmation des biens de l'abbaye par le comte de Champagne.

Ego Theobaldus Campanie et Brie comes palatinus. Notum
facio universis presentibus et futuris, quod ego monasterio et
fratribus de Chyminum quod quidem monasterium cum bonis
suis sub custodia mea omniumque principum Campanie esse
dignoscitur benigne concessi jure perpetuo possidendum, quic-
quid iidem fratres et monasterium infra limites comitatus mei,
karissima matre mea predictum comitatum Campanie guber-
nante, acquisierunt, tam per emptionem quam per elemosinam
sibi collatam, Videlicet de Joyaco super Colam et de Mainilio
decimas et demum quam habent apud Vitriacum et terram
juxta Torniacum que fuerunt Galteri cambitoris et molendina
que habent apud Vitriacum, sub hac autem generalitate intel-
ligo contineri decimam de Chantecec, licet ad presens eandem
decimam non possideant dicti fratres de Chyminum, cum eam
fratribus de Moncellis Premonstratensis ordin:., concesserint
possidendam pro commutatione grangie de Ch-sson quam
prefati de Chen inon et de Moncellis fratres inter se ad invi-
cem inierunt. Hec igitur omnia que dicta sunt que a tempore
quo eram sub tutela karissime matris mee ab eisdem fratribus
sunt acquisita, laudavi, quitavi et irrefragabili sigilli mei testimonio confirmavi. Actum anno gracie M°. CC°. XX°. III°.
mense decembris.

Grand sceau brisé.

1224

Baudouin dit Taillefer d'Amance, voulant se rendre à Saint-Jacques de Compostelle pour le salut de son âme, donne sa part des dîmes de Pargny et de Montcetz, à charge de servir annuellement 4 setiers aux moines de Sermaize et autant aux moines de Montcetz, et sous la condition qu'il reprendrait ces biens s'il revenait. Approuvé par Ermengarde, veuve de Gaucher, chevalier, d'Etrepy, seigneur supérieur.

1225. 5ᵉ férie après la Nativité de Notre-Dame

G. chantre et official de Châlons fait savoir que Amaury, chevalier, de Cuperly a donné une rente de trois setiers de blé qu'il avait sur la grange des moines à Togny.

1225. Juillet

Raoul, abbé de Cheminou, fait savoir que Varin de Cheminon-la-Ville et Elisabeth, sa femme et leurs fils, Remi, clerc et Albert, louaient le trécens de l'église du village, les menues dîmes, le four et la vigne donnés par Viard, curé du lieu, en l'échange de leurs nombreux bienfaits en faveur de l'abbaye.

1225. Décembre, jour de S. Thomas

Donation par Gautier, seigneur d'Arzilières et Isabelle, sa femme, de Guerric de Coole, libre de tout, sauf les terrages et un journel de terre.

1226

Renard, seigneur de Dampierre, renonce à sa réclamation contre l'abbaye d'Ulmoy au sujet du moulin de Rapsécourt, en stipulant que ni lui ni ses successeurs ne pourraient établir de moulin entre celui-là et le moulin des Lépreux de Châlons, du consentement de Béatrix, sa femme.

1226. Novembre

Jean, archidiacre de Châlons, déclare que Pierre, jadis bailli de Vitry et Marguerite, sa femme, ont donné pour après eux, la terre qui appartint à maître Dudon, de Vitry, près la grange de Tournay, payant, leur vie durant, pour dime et terrage annuellement trois setiers de blé-avoine, mesure de Vitry.

1227

Pierre de Vitry, bailli du comte de Champagne, fait savoir que Raoul, abbé de Cheminon, a amodié pour douze ans le grand champ dudit Pierre, sis près de la grange de Tournay, où l'abbé percevait dime et terrage, à raison de 80 setiers de blé, mesure de Vitry, par an, à la S. Martin d'hiver.

1227

Vittier, seigneur du Buisson, chevalier, donne du consentement de Félicité dite Elisabeth, sa femme, pour après son décès, une rente de 20 setiers de blé sur le moulin du lieu et, à son défaut, sur la grange de son carruage : de plus il permettait à son fils Vittier, à sa majorité, de transférer cette redevance sur les terrages de Brauvilers.

1227

Approbation par ledit Vittier de la donation de Richer, chevalier, de Robert-Espagne et Hugues, son fils, d'une rente de 4 setiers de blé sur la dime du lieu, à cause de sa femme, veuve en premières noces dudit Hugues.

Grand sceau rond, cire brune : écu chargé de 10 annelets, 3. 3. 3. 1. à la face brochant.

1228

Donation par Agnès, dame d'Aulnay, d'une rente de 60 setiers blé-avoine, sur les dimes d'Etrepy, Pargny, Bignicourt.

Sceau ovale, moyen, cire verte : †. SIGIL. AGNETIS. DOMINE. DE. AVNETO. La dame d'Aulnay debout.

1228

Baudouin d'Amance, dit Taillefer, déclare donner toute la dime de Haussignemont, Bignicourt, Etrepy, plus un muid d'avoine sur la dime de Montcetz après son décès, du consentement de Sibille, sa femme.

1229. Février

Devant Etienne, doyen de la chrétienté de Vitry, Nicolas, clerc de Vitry, Florie, sa mère et Raoul, son frère, quittent l'abbaye de 3 journels de terre, sis au champ Airard, acquis par les moines, de Odon, chevalier, seigneur de Vauclerc, lesquels journels mouvaient desdits sus-nommés. De plus lesdits sus-nommés déclarent abandonner toutes leurs discussions contre l'abbaye.

1230

Renard de Dampierre, chevalier, seigneur de Ponthion, donne Viard de Plichancourt, son homme.

Sceau rond, moyen : †. S. DOMINI. RENARD. DOV. BOIS. Cavalier, sur le bouclier un lion sur un semé de billettes.

Contre-scel : †. SECRETVM. MEVM. Même écu triangulaire.

1231. Janvier

Gautier, seigneur d'Arzilières, donne pour le repos de son âme et de celles de ses ancêtres tous les paturages de sa ville de Jouy et Coole où ses hommes ont droit d'usage, pour y faire paître sans amende jusqu'à « quadraginta pecora. » Si les troupeaux des moines font quelques dégats, « illud probatum fuerit per respectum bonorum vivorum de dicta villa, dampnum restituent sine emenda. »

Grand sceau au cavalier : sur l'écu 2 léopards et un lambel.

1231. Janvier

Gautier, seigneur d'Arzilières, notifie qu'il a vendu le champ Boveret et la manse de Goisbert, et que les terrages en ont été abandonnés par Thibaut, chevalier, fils de Poilevolt, et Gui d'Arzilières dit Maton, consentant Raoul, frère dudit Gui.

Sceau moyen, rond, cire brune.

†. SIG. GALTERI. DE. ARGILLERIIS. Cavalier à gauche, bouclier chargé de deux léopards passants.

1232. Juin

Gérard, doyen de la chrétienté de Vitry et Pierre, chantre de Notre-Dame, déclare que Pons, fils de Bertrand Bridole, renonce à toutes ses prétentions contre l'abbaye.

1233. Avril

Gérard, doyen de la chrétienté de Vitry, déclare que Jean le Batard, chevalier, de Tournay, reconnaît devoir à l'abbaye, 66 livres provinoises fortes et avoir amodié aux religieux toute sa terre autour de Tournay pour 9 ans, moyennant une rente de 4 muids de blé-avoine. Consentant Hugues, châtelain de Vitry, suzerain.

1233

Gérard, doyen de Vitry, déclare que Vivien, curé de Cheminon-la-Ville a donné un pré sur le Brusson pour en jouir après son décès et reconnaît que l'abbaye lui a cédé 8 journels de terre sur le Corruz, viagèrement à charge de payer dime et terrage.

1233

Jean, archidiacre de Châlons et Jean Paulinus, chanoine de Essommes, font savoir que feu Guillaume, seigneur de Dampierre [1], les a nommé exécuteurs testamentaires avec ordre de restituer ce qu'il a pu enlever ; les religieux avaient alors produit une charte de Gui, père dudit Guillaume, leur attribuant une rente de 5 muids sur ses vignes de Moëlains et d'un demi muid de blé sur ses moulins de S. Dizier le 20° jour après Noël, pour le pain et le vin des messes, avec cette clause que ce qui ne serait pas donné une année le serait l'année suivante. Consentant Marguerite, veuve dudit.

1233. Septembre

Hugues, chatelain de Vitry, Aubert, sire du Plessis et Pierre, mayeur de la commune de Vitry, font savoir que Jean

---

1. Dampierre-Saint-Dizier.

le Batard, chevalier, de Tournay a reconnu la dette de 66 livres ci-dessus mentionnés.

Sceaux brisés, sauf celui du mayeur : †, SIGILLVM. PETRI. DE. VITRIACO. Aigle à deux têtes.

1233. Juin

Sentence de Ferri du Boschon, chevalier, et de Pierre, mayeur de Vitry, au sujet de la reprise de Ponthion par Renard de Dampierre à son retour de la croisade. Pierre n'ayant pas son sceau se servit de celui de Hugues de Vitry.

Sceau moyen, rond, cire brune, cavalier armé.

†. SIGILL. HVGONIS. CASTELLANI. — Autre rond, moyen cire brune : †.......... S. DE. VIANA. Ecu triangulaire, chargé de 5 annelets, 2. 1. 2 ; lambel.

1233. Juin

Charte par laquelle Renard, sire de Dampierre, déclare que son frère, de bonne mémoire, Henri de Ponthion a donné à l'abbaye tout le terroir sis entre le Broisson et la Marne : la justice, le ban et les hommes, mais qu'à son retour de la Croisade (rediens a partibus transmarinis), il réclama ce qui dépendait de son fief. Mais il se fit conseiller par des hommes sages, abandonna à l'abbaye ce que lui avait vendu ou donné son fils Anselme et pour le reste, donna une rente de 46 setiers de froment et avoine, juin 1833. (Latin.)

Beau sceau, grand, rond, en cire verte. † SIGILL. RENARDI. COMITIS. DE. DAMPIERRE., écu triangulaire chargé de 5 faces, avec un lambel de 7 pendants en chef.

Contre-sceau, même légende : cavalier armé, son casque dépassant la bordure intérieure.

1234. Août

Renard, chevalier, seigneur de Ponthion, confirme le don qu'il a fait de Viard de Plichancourt, son homme.

Sceau rond, grand, cire verte, cavalier armé : sur l'écu un lion sur un semé de billette.

† S. DOMINI. RENARDI. DOV. BOIS. Même écu en contre-scel.

1234

Déodat, curé de Blesme, et Gérard, doyen de la chrétienté de Vitry, prononcent renonciation par Guillaume et Adam, frères, chevaliers, de Blesme, qui réclamaient diverses terres acquises audit lieu en leur fief, moyennant un cens de deux setiers de blé-avoine ; de plus, ils confirment le don de Guillaume Piper, chevalier.

1234

Déodat, sudit, et Aubri, chevalier, de Ponthion, déclarent que Roger de Blesme, mourant, les a chargé de renoncer à sa mort à sa réclamation pour divers dons et acquêts faits à Blesme, en son fief. Isabelle, sa femme, y consentant.

Sceau de Pierre de Vitry, bailli ; Aubry n'ayant pas le sien.

1234

Bulle de Grégoire IX, confirmative des biens de l'abbaye.

1234. Juillet

Philippe, évêque de Châlons, notifle que Renard, seigneur de Ponthion, a reconnu le don des terrages de Ponthion fait par feu son père, Henri ; qu'il les a repris en échange d'une rente de 46 setiers de blé sur les moulins du dit lieu et qu'il vendit à l'abbaye pour 120 livres fortes de Provins ce qu'il avait encore sur les moulins Batant et autres ; qu'il vendit la rente de 20 setiers de blé, perçue par Gauthier de Ponthion à cause de sa chapellenie près de ce lieu, en l'indemnisant sur le terrage : enfin que les moines auraient même droit de pêche que lui.

1234. Août

Henri, frère dudit Renard, approuve la vente susdite de la part de moulins, en présence du prieur de Mouzon et de Jean du Chastelet, frère du comte de Rethel.

1234

Bulle de Grégoire IX décidant que les moines « non citentur ultra duas dietas. »

1234. Juin

Jean, archidiacre de Châlons, et Jean Paulinus, chanoine d'Essomes, déclarent qu'ils ont été nommés par Guillaume de Dampierre, ses exécuteurs testamentaires avec pouvoir de réparer les injustices qu'il aurait pu commettre, et comme les religieux de Cheminon leur ont montré une charte de Geoffroy de Dampierre, père de Guillaume, portant donation de 5 muids de vin sur sa vigne de Moelains et 1/2 de froment sur les moulins de S. Dizier, laquelle n'a pas été exécutée, lesdits exécuteurs en ordonnent l'exécution.

1° moyen, ovale en cire verte. S. MAGISTRI. JOHANNIS. ARCHIDIACONI. Moine, la tête inclinée à droite, tenant un livre et une palme.

1234. Août

Charte par laquelle Renard, chevalier, seigneur de Ponthion, déclare avoir repris le domaine de Ponthion donné à l'abbaye par son père Henri, et avoir cédé en échange 40 setiers de blé de rente sur ses moulins dudit lieu. De plus, leur avoir vendu pour 120 livres de Provins la rente de 20 setiers de blé que messire Gautier de Ponthion percevait à cause de sa chapelle de Pontion.

Laquelle pièce a été dressée du consentement de Gautier et de l'évêque et en sa présence.

Ce qui fut loué par Anselme, seigneur de Dampierre-en-Astenois, suzerain, messire Henri, frère de Renard ; Renarde, sa sœur, et Erard, son mari.

1234. Juillet

Anselme, seigneur de Dampierre en Astenois, loue la vente du moulin de Ponthion à l'abbé par son cousin, Renard, sire de Ponthion.

Grand sceau, rond, en cire verte. † SIGILLVM. ANSELMI. DE. DAMPNAPETRA., cavalier armé, sur l'écu un lion sur un fond semé de billettes.

Contre-sceau, † SECRETVM. MEVM., écu triangulaire chargé de 5 faces avec un lambel de 7 pendants en chef.

1234. Juillet

Erard *de Marzeio*, chevalier, et Renarde, sa femme, sœur de Renard, sire de Ponthion, louent la vente faite par ledit Renard à l'abbé, de sa part au moulin dudit Ponthion.

En témoignage de quoi il a fait apposer son sceau et celui de l'abbé de S. Michel.

Sceau ovale, moyen, en cire verte. † S. DROGONIS. ABBA-TIS. SCI. MICHAELIS., abbé tenant la crosse et un livre de la main gauche horizontalement.

Manque le second.

1235

Hugues, châtelain de Vitry, déclare que Aceline Popete, veuve de Drogon, prévot de Changy, a donné un pré à Ou-trepont, du consentement de ses deux fils, Pierre et Morel, sous un cens de 2 deniers au dit Hugues.

1235. Septembre

G., abbé de Clairvaux, déclare que la pêche sera commune entre les abbayes de Cheminon et de Trois-Fontaines dans la Saux [1], au ban de Pargny où les rives sont communes.

1235. Novembre

Confirmation de ce, par P., abbé de Trois-Fontaines : diman-che après Tousaint [2].

1235. Novembre

Autre confirmation par Gérard, abbé de Moutiers et Thi-baut de Boulancourt, arbitres choisis pour cet accord.

---

1. Cette petite rivière arrose Sermaize, Pargny, Etrepy, Bignicourt, Le Buisson, Ponthion, Merlaux, Vitry-le-Brûlé ; elle reçoit la Bruxenelle.

2. L'abbaye de Cheminon devait avoir le ruisseau depuis la vieille écluse jusqu'à son moulin *de Laiaco*, en commun depuis là jusqu'au ruisseau *de Gencellis ;* Cheminon ayant le droit de faire « de bonne foi » des ventaux, mais le poisson pris auprès desdits devait être commun.

7

1235

Guillaume, dit Brulez de Maurupt, donne à Cheminon
40 livres de Provins, plus une rente de 30 livres, même monnaie, payable par tiers, à Pâques, à la S. Jean et à la Toussaint, pour le louage du moulin que l'abbaye possède à Maurupt, pendant six ans ; durant ce laps de temps, ledit Guillaume
bâtira, sur le terrain de l'abbaye, une maison et une grange
moyennant que les moines fourniront les bois.

Ledit Guillaume et Elisabeth, sa femme, jouiront pendant la
vie du mari seulement, de tout ce qu'ils acquéreront ou bâtiront
sur ladite terre des moines, mais si, au cas échéant, Guillaume
se remariait, les moines pourraient tout reprendre. Si Elisabeth
survivait, les moines pourraient reprendre en lui fournissant
de quoi vivre.

Ledit Guillaume en outre donne à l'abbaye tous ses biens
et immeubles, après sa mort, et sa femme fait de même ; si elle
se remariait, les moines ne seraient plus tenus de veiller à sa
nourriture.

Lesdits époux reconnaissent ne plus avoir le droit de vendre
leurs biens, ni de les transmettre d'aucune manière, sauf dans
le cas d'une pauvreté absolue et pour ce qui sera seulement
hors de la terre de l'abbaye. Même les moines pourront saisir
ces biens en nourrissant lesdits époux.

Donné sous le sceau de Jean, archidiacre de Châlons, à la
Toussaint.

1235. Mai

Frère N., abbé des Dunes [1], et frère B., abbé de Cambron [2],
font savoir que Renier de Cambron, dit *le boulanger de S.
Vincent*, et Helis, sa femme, ont donné à Cheminon tous leurs
droits et biens mobiliers ou immobiliers ; ils en conservent
l'usufruit, leur vie durant, de telle sorte que l'un mourant, sa
moitié vienne augmenter celle du survivant, et qu'après la
mort du dernier des deux époux, le tout passe à l'abbaye. Ils

1. A Bruges.
2. En Hainaut.

s'engagent par suite à payer à l'abbaye, leur vie durant, douze deniers à la fête de S. Remi.

1236. Novembre

Henri, abbé de S. Memmie, donne, à titre viager, à Pierre, chantre de Notre-Dame de Vitry, la rente de 10 setiers de blé-avoine que son abbaye percevait sur la grange de Tournay.

1236. Mai

Gérard, doyen de la chrétienté de Vitry, déclare que Etienne de 'rupt a donné une rente de 5 sols sur son champ dit la Fosse-Thierry, à Bignicourt, aux droits de propriété de la terre en cas de refus de paiement.

1236

Aubert, seigneur de Plessis et de Thieblemont, et Marguerite, sa femme, donnent une rente de 4 setiers de blé sur leurs biens de Thieblemont.

Sceau rond, grand, cire verte. + SIGILLVM. ALBERTI. DOMINI. DE. PLASSEIO. Ecu bandé de six pièces.

1236. Novembre

Devant Jean, archidiacre de Châlons, Pierre, jadis bailli de Vitry, et Marguerite, sa femme, donnent en pure aumône toute la terre qui appartient à maître Dodon de Vitry, sise près du territoire de la grange de Tournay, mais l'abbaye en concède la possession aux donateurs leur vie durant, pour quoi, à titre de dimes, lesdits donateurs sont tenus rendre à l'abbaye 3 setiers froment et avoine, mesure de Vitry, toutes les années que cette terre sera ensemencée.

Sceau.

1236. Mai

Jacques, doyen de Maucourt, fait savoir que Odes de Vauclerc, et Sophie, sa femme, ont donné à Raoul, curé de S. Quentin, une rente d'une mine de blé sur un champ à S. Quentin et autres cens audit lieu.

1237. Janvier

Jacques, doyen de la chrétienté de Vitry, déclare que Germond, chevalier, seigneur de Favresse, et Marie, sa femme, ont donné leur terre et pré dit Champs-Gervin, près la grange de Nuisement, contre le champ Cirée à Favresse, précédemment aumôné par ledit Germond et Elisabeth, sa première femme.

1237. 5 férie après S. André

Vittier [1], seigneur de Mutry et de Boschon, et Elisabeth, sa femme, vendent, en présence du même doyen, le moulin de Boschon, l'usage dans la carrière (perraria) de Brauvillers, en présence de Hugues, abbé de Cheminon, Frédéric, ayeul de Vittier, Colard, seigneur d'Haussiguémont.

1237. Juillet

Guiard, doyen de la chrétienté de Bar-sur-Aube, déclare que l'abbaye doit posséder le tiers de la dime de Bollainvaux (diocèse de Langres), contrairement aux prétentions de Raoul, curé du lieu.

Sceau ovale, moyen. † SIGILLVM VIARDI. DECANI. BARRI., poisson en pal brochant sur 2 clefs en sautoir accostées en tête d'un soleil et d'une lune. Au contre-scel : † SECRE-TVM. MEVM, le poisson en face avec le soleil et la lune au-dessous de lui.

1237. Juin

Gérard, doyen de la chrétienté de Vitry, fait savoir que Gautier, seigneur de Bayerne [2] et Comtesse, sa femme, ont donné jadis une rente d'un muid, seigle-avoine, sur le moulin de Vouzy, et que depuis, Gaucher, frère de Gautier, Ermengarde et Mathilde, leurs sœurs, y ont ajouté une rente de 4 setiers, seigle-avoine, mesure de Vertus, au même moulin.

1. *Alias Jean.*
2. **Commune de Soulange**, canton de Vitry ; Comtesse se remaria avec Aubri de Cortisy, chevalier.

1238. 4 ferie après les Rameaux

Devant J., archidiacre de Châlons, Bertrand, frère de Jean le Bâtard, chevalier croisé partant pour Jérusalem, accepta 30 livres de l'abbaye « quod Bertranus frater domini Johannis le Bafart militis crucesignatus volens Jerosolimam proficisci, recognovit coram me se mutuo accepisse ab ecclesia de Chiminum triginta libras pro expensis suis in predicto itinere faciendis. » A ce titre l'abbaye devait posséder ses terres et prés s.s à Tournay, pendant 5 ans, lesquelles terres rapportent annuellement 10 setiers froment et un muid avoine, mesure de Vitry.

Approuvé par Hersende, veuve de Jean le Bâtard, chevalier, tutrice de Florence, sa fille, qui, pour ce, hypothèque tous ses biens.

1238. Octobre

Comme Renard, seigneur de Ponthion, réclamait contre le legs laissé par sa mère, furent choisis comme arbitres, pour l'abbaye : Pons, prévôt de Vitry; pour Renard, le seigneur Milon de Ecriennes, lesquels décidèrent que l'abbaye avait droit de percevoir 80 setiers de blé d'hiver, chaque année pour la terre provenant de la dot de ladite mère de Renard. Témoins : Anscher, cellérier de Clairvaux ; P., prévôt de Vitry ; Aubert, du Plessis ; Aubri, de Ponthion ; Miles du Chesne, Miles de Vauclerc.

Sceau de G., abbé de Monstiers, et de L., abbé de Chéhery.

1238. 6 ferie avant la Madeleine

Jean, official de Châlons, déclare que Jean, seigneur de Coulmiers, chevalier, réclamait deux parts d'un cens de seize deniers et d'un char de foin sur un pré à Chapes, dit » pratum in medio nemoris Jarse : » il renonce au cens du char et cède sa part de deniers pour une somme de 30 sols.

1238. Mars

Raoul, curé de S. Quentin, tenant la place de Jacques, doyen de la chrétienté de Vitry, Gérard, curé de Soulangis, déclarent que nobles Aubri de Cortisi, Milon de Sommesous, Fromond de Scrupt, chevaliers, Jacques, clerc dudit Girard, ont reconnu que Comtesse, dame de Bayerne, avait donné en leur présence un demi muid de blé-avoine (mesure de Vitry), sur son revenu de Maucourt, pour la pitance du jour de son anniversaire, à condition que pendant 20 ans le produit d'un setier de blé et d'un d'avoine serait employé aux bâtiments de l'abbaye. Approuvant Aubri de Cortisi, époux de Comtesse, leurs fils, Miles et Macaire, Mathilde, sœur de ceux-ci.

Sceau ovale, de doyen : un aigle essorant, surmonté d'un croissant, au-dessous soleil et étoiles.

1238. juillet

Jean, archidiacre de Châlons, fait savoir que Aubri, chevalier, de Ponthion, et Helvys, sa femme, ont donné leur part du moulin et de la foulerie de Ponthion, dit « in medio villes » représentant le douzième du produit en grains et en poissons. Approuvant, Gui, chevalier de Ponthion, Philippe, sa femme, seigneurs supérieurs.

1238. Juillet

Gautier, seigneur d'Arzilières et Béatrix, sa femme, approuvent le don de 10 septiers et un muid, seigle-avoine, sur la dîme de Coole, fait par Nicolas, clerc d'Anglure-sur-Aube, en leur fief.

Grand sceau, rond : cavalier armé, l'écu chargé de 2 lions léopardés passant.

1238. Mars, mardi après mi-carême

Vente, scellée du sceau de la ville de Verdun, d'une maison en cette ville, sise « rue du seigneur Girault [1]. »

1238. Septembre

Devant Jacob, doyen de la chrétienté de Vitry, Guillaume, chevalier, de Blesme, et Assent, sa femme, ont reconnu

---

1. Les moines y ont mis un autre sceau, petit, ovale, cire verte. † J. PETRI. CANTORIS. SCE. MARIE. DE. VITACO. Moine debout, tenant un livre et s'appuyant sur un Tau. Au contre-scel un aigle éployé.

que Adam de Ponthion, chevalier, frère de Guillaume, a
légué le quart de la grosse dixme de Blesme, sauf un hui-
tième et un setier, froment-seigle, au curé de Blesme ; plus,
il a légué à l'abbaye sa forêt, dite forêt d'Aubry, tous les cens
et terrages contenus dans ces limites : du ruisseau de Fresne à
la grange Chasson, de la forêt Aubry au Broisson, plus sa terre
de Suzeville et le terrage dû sur le pré de Odes, chevalier, de
Saint Basles et autres jusqu'à l'étang de Vittier de Dun ; de
plus, Adam a libéré l'abbaye d'un setier froment et 8 deniers
de cens du chaque année à lui pour un pré.

Guillaume, à son tour donne à la S. Item une rente de
12 deniers et 2 poules due, par O. de S. Lumier pour une
pièce de terre sise dans le bois Aubry.

1238
Don d'un serf par Colart de Haussignémont.

Omnibus presentes litteras inspecturis Johannes, archidia-
conus Cathalaunensis, salutem in domino ; noverit universitas
vestra quod dominus Colardus de Haucignemont, miles, in presentia mea constitutus, recognovit se contulisse in perpetuam
elemosinam ecclesie de Chiminum Emenjardim, uxorem Wiardi
de Faveresces hominis dicte ecclesie, que erat femina Colardi
ipsius militis de corpore et omnes heredes procreatos et pro-
creandos ex dicta E. Ita tamen quod jamdicta E. quam
heredes sui successive procreandi singulis annis pro recogni-
tione homagii sui dicte ecclesie de Cheminum singuli, pro capi-
tagio suo, in festo S. Remigii in capite octobris, reddere tene-
buntur, quinque solidos currentis monete Campanie. Si vero
hominibus alterius domini quam ecclesie de Chiminum ma-
trimonio copulantur, nisi de consen.u dicte ecclesie hoc fecerint,
heredes ex ipsis procreandi erunt homines ipsius C. militis,
vel successorum suorum, sicut prius fuerat dicta E. ante donationem predictam. In cujus rei testimonium presentes litteras
ad petitionem partium sigilli mei appensione duxi roborandas.
Actum anno dominis, Mᵒ. CCᵒ. XXXᵘ. VIIIᵒ.

1229. Avril
Par l'arbitrage de Lambert, abbé de Clairvaux et de Garnier

de Bar-le-duc, chevalier, Remi de Cheminon-la-Ville, clerc, doit continuer à jouir viagèrement des dîmes et terrages des biens et d'une vigne, venant de Viard, jadis curé, moyennant une redevance de 2 muids de vin.

1229. Juin

Guillaume, abbé de Clairvaux, fait savoir que son abbaye a acquis de celle de Cheminon, le tiers de la dîme de Bollainvaux en échange de la dîme de Jouy-sur-Coole.

1229. 3ᵉ férie avant la Nativité de S. Jean

J. archidiacre de Châlons fait savoir que Be¹¹e, veuve de Hugues, prévôt de Coole, et Miles, son fils, donnent une rente de 4 setiers de seigle-avoine (mesure de Coole) sur le terrage du lieu.

1229. Juin

Bertrand, écuyer, frère de Jean le Batard, en présence de l'abbé de Trois-Fontaines, a autorisé l'abbaye de Cheminon à acquérir de Guillaume de Blesme la part des dîmes venant dudit Bertrand, dont une autre part avait été précédemment donnée par Adam, frère dudit Guillaume. Témoins : Aubert du Plessis, Nicolas de Haussignémont, chevalier, Gaucher, chevalier d'Aubert du Plessis (sic).

1229. Juin

Même acte passé devant le doyen de la chrétienté de Vitry.

1229. Juillet

Renard du Bois, seigneur de Ponthion donne Miles, fils d'Odinet de Plichancourt avec ses biens. Devant Pons, prévôt et Bertrand, frère de Renard.

Sceau rond, cire brune, cavalier armé.

1239. Mai

Pierre, chantre de Sainte-Marie de Vitry, fait connaître l'accord fait entre les moines et Jacques, clerc de Vitry, sur deux

setiers de froment de rente donnés à l'abbaye, sur sa grange
de Pargny, par Gautier, chevalier de Pargny jadis époux d'Isabelle, femme de Jacques de Vitry.

1239. Avril

Comme il y avait discord entre Hugues, abbé de Cheminon
et Gui de Chapes, seigneur d'Etrepy, au sujet de Renaud de
Heiltz, Perron, chantre de Vitry, et Gui, chevalier, de Blesme,
arbitres décidèrent que ledit Renaud retournerait en paix dans
son hotel de Heiltz, que le seigneur d'Etrepy lui restituerait
ce qu'il lui avait pris et que Renaud, en demeurant soumis aux
coutumes et services qu'il devait audit seigneur, suivant la
charte de Heiltz, paierait à l'abbaye une rente de 5 sols comme
auparavant.

1240. Mars

Gérard, abbé de S. Paul de Verdun, réclamait à l'abbaye de
Cheminon une rente de 10 setiers de blé (mesure de Vitry),
sur le moulin placé sous le château de Vitry, en vertu du don
de dame Urbuge de Vavray, du consentement de Gui du
Plessis, fait à l'église de Vanault, qui dépendait de S. Paul ;
plus une autre rente de 4 setiers de blé, provenant d'un
échange avec le monastère d'Ulmoy auquel le même les avait
aumonés. Il fut conclu par arrangement amiable que S. Paul
continuerait seulement à avoir 4 setiers sur les dimes de S.
Lumier.

1240. Août

Raoul, doyen de Notre-Dame de Vitry, adjuge à l'abbaye la
moitié d'un pré de 3 fauchées sis à S. Lumier près de Blesme,
léguée par Wittier, chevalier, dit Aubiiois, frère de Gautier,
écuyer, de Chavanges qui la revendiquait. Témoins : Milon,
moine, frère Guerric de Scrupt le Poivre, frère Etienne de
Moyencourt, Liétard, écuyer, et autres non nommés.

1240. Avril

Jean, archidiacre de Châlons, déclare qu'en présence de
Lambert, maire de Cheminon, Hamon, chapelain de l'archi-

diacre, le prieur Milon et Alophe, moine de Cheminon, le prieur de Sermaise, sire Pierre de Vitry, Nicolas, curé de Cloyes, Odon de Blesme, chevalier, — Pierre de Scrupt, fils dudit Odon et sa femme Elisabeth, veuve de W. Piper de Scrupt ont renoncé à toute réclamation au sujet de l'acte précédent.

1240. Dimanche après l'Assomption

Pierre, chantre de Vitry, déclare que Renard, chevalier, de Ponthion a vendu à l'abbaye ce qu'il avait au moulin dudit lieu et la rivière « quantum jactus martelli a dicto molendino ante et retro se estendit et continet » y compris la pêche. Acte passé à Ponthion dans le cimetière de la chapelle S. Martin, en présence de R. doyen de Notre-Dame de Vitry, Jean, prêtre, Pierre, clerc de Ponthion ; Pierre, Huguenin, Adnet, chanoines de Vitry° et nombre d'autres non nommés.

1240. Mars

Devant Aubert, chevalier, du Plessis, et Gérard de Noe, bailli de Vitry, Gui de Chapes et Sibille, sa femme, renoncent à leurs prétentions sur les dimes d'Etrepy, Pargny, etc.

Sceau rond, grand, cire brune. †. SIGILLVM. AVBERTI. DOMINI. DE. PLASSEIO. Ecu bandé de 6 pièces.

Sceau rond, grand, cire brune. †. SIGILLVM. GIRARDI. DE. NIA........ fleur à 3 tiges entre deux oiseaux, au bas 2 étoiles.

Sceau grand, rond, cire jaune, cavalier armé, l'écu chargé d'une croix ancrée.

1240. Novembre

Jacques, évêque de Préneste, légat pontifical, déclare au doyen de Vitry que Raoul de Saint-Quentin est autorisé à avoir une chapelle chez lui.

---

1. Le chapitre de Vitry fut constitué vers 1202 par la comtesse Blanche de Champagne à la place des deux chapelains perpétuels institués par le comte Henri en 1150 dans le château.

1241. Janvier

Philippe, abbé de Trois-Fontaines, fait savoir que l'abbaye de Cheminon doit payer annuellement pour le compte de cette abbaye à celle de S. Pierre-au-Mont un muid, avoine-blé, sur S. Lumier, moyennant qu'il la libère de la rente de 9 setiers, blé-avoine, sur les dîmes de Vauclerc et sur certains prés du fief de O. seigneur de Vauclerc.

1241

Gérard, abbé de Montcetz, renonce à la rente de 8 setiers, blé et avoine (mesure de Vitry), due pour l'échange de Chasson, à Larzicourt, moyennant une compensation fournie par l'abbaye de Trois-Fontaines.

1241

Le doyen de la chrétienté de Vitry, constate le don de terre à Aulnay, etc., fait par Gui de Plichancourt et Béatrix, sa femme.

1241. Avril

Jean, archidiacre de Châlons, fait savoir que Gui de Chapes, chevalier, et Sibille, sa femme, ont renoncé à leur réclamation au sujet d'un muid de blé de la dîme de Pargny, d'un autre du terrage de *Montolio* [1] et de divers prés, terres, etc.

1241

Le doyen de Vitry fait savoir que Gaucher, chevalier, dit Malaspina, a renoncé à sa réclamation contre le don de part au moulin de Ponthion fait par son oncle Aubert de Ponthion, chevalier, fils de Roger de Blesme : exemple suivi par Elisabeth, mère dudit Gaucher.

1242. Avril

Jean, archidiacre de Châlons, tenant la place de Pierre, évêque de Châlons, déclare que Martin de Haussignemont,

---

1. Hameau de Monthois, commune de Pargny-sur-Saulx, aujourd'hui détruit.

charpentier, et Béatrix, sa femme, ont donné tout ce qu'ils possédaient dans les dîmes dudit lieu.

1242. Juillet

Gautier, doyen de la chrétienté de Vitry, fait savoir que Aubert, seigneur du Plessis, a donné sa maison, sise à Vitry, près de celle de l'abbaye avec ses dépendances jusqu'au fossé de la ville et au-delà « in confinio dicte domus, » sous un cens de 6 deniers dus au seigneur Gui du Paquis [1]. Approuvant Alix, femme dudit Aubert, Gautier, Albert et Agnès leurs enfants.

1242. Juillet

Le même déclare que Morin, fils de feu Pierre, bailli de Vitry, et Letarde, sa femme, ont donné une place, sise à Vitry, entre la maison de l'abbaye et le pressoir d'Aubert du Plessis, achetée à Baudouin, frère de Morin.

1242. Mars

Le même déclare que Guillaume, chevalier, de Plichaucourt et Odierne, sa femme, ont vendu à Raoul de S. Quentin, doyen de Notre-Dame de Vitry, un setier 1/2 de blé-avoine à eux dus annuellement par ledit Raoul, ainsi que quelques terres tenues d'eux.

1243

Sentence au sujet des trécens, menues dîmes, etc.,
de Cheminon-la-Ville [2].

Je Ponces dou Fraine, prevos de Vitri fai savoir à tou cex qui ces lestres verront que com il fust plais devant mon signor Esteune, le bailli, d'aucunes de ces choses et d'aucunes devant moi entre labé et le couvant de Cheminum l'abie, et Aubers le fil Guarin de Cheminum la vile, de ce que Aubers demandoit labé et le couvant, le trecens de l'autel, la menue

---

1. On trouve en 1248 un Nicolas du Paquis qui fonda une prébende au chapitre de Vitry.

2. Nous reproduisons cette charte comme type de vieux français.

deime, les terrages des vignes, la vigne qui fu mon signor
Wiart de Cheminum la ville, et deniers que il disoit que ses
peres lor avoit presté. Cil Aubers devant moi quita labé et le
couvant de toutes ces demandes, et de toutes les choces qui
estoient avenues, faites et dites iusqua ce ior, et ce à tenir est
il tenuz à faire fiancier sa famme Hauy, ne de ces choses ne
dautres qui soient avenues iusqua ce ior. Aubers et Hauyz ne
povent reclamn,er ne faire reclammer, et toutes ces choces
fermemant à tenir a il fiancié en ma main de son gré ; à toutes
ces choses faire et dire furent present donz Nicoles Liperous,
donz Estenes de Chaalons, donz Ourbains, donz Miles, donz
Wiart de Vitri, donz Remeis, donz Alouz Li celeriez, donz
Werric, donz Estenes de Moienecort, moines de Cheminnn,
Miles dou Bosc, de Vitri, Froisars, et plusor autre moine et
convers, mais de laies gens ni et il plus. Et pour ce que ce soit
ferme choce jai saalées ces lettres et dones a labé et au couvant de Cheminum a la requeste ce mesme Aubert. Ce fu fait
an lan de grace Mil CC. XLIII anz, au mois de mars, le
samedi devan mi quaraime en matin, à la chambre de labé.

1243. Août

Lambert, abbé de Chéhéry, déclare que, moyennant 127 liv.
provinoises, Hugues, clerc de Châlons, a renoncé à sa réclamation au sujet d'une somme perçue par l'abbaye sur divers
héritages appartenant audit Hugues et aumonés par lui au
profit du même monastère.

1243. Novembre

Gui de Vendeuvre, chanoine de Châlons, déclare que sa
mère Richarde, veuve de sire Vittier de Rainc (sic) a légué, du
consentement de Renier, son fils, une rente de 6 setiers de
seigle-avoine (mesure de Brienne), à prendre sur un muid que
ledit Gui avait donné en dot à sa nièce sur la dime de Dain-
ville.

Sceau moyen, rond, cire verte.

✝. S....... ENDOPERA. CAN. CATH. 2 oiseaux assis,
adossés, séparés par un arbuste.

1243

Bulle d'Innocent IV défendant aux prélats d'excommunier les moines de l'abbaye, leurs serviteurs et bienfaiteurs.

1244. Mai

Thomas, official de Siger, archidiacre de Châlons, déclare que Erma dite Pola, bourgeoise de Laon, demeurant à Châlons « sana et incolumis, in veste et habitu seculari, in bona prosperitate existens » a donné la moitié de sa maison sise au bourg de Laon pour après elle.

1244

Gautier, doyen de Vitry déclare que Simon li Aleman a acheté de l'abbaye une vigne à Cheminon-la-Ville, provenant de feu Viard, curé du lieu, pour 16 livres fortes de Champagne, à condition que s'il mourait sans enfant ou entrait en religion, elle reviendrait sans condition à l'abbaye.

1245. Octobre

Guillaume, sᵍʳ de Dampierre-Sᵗ-Dizier déclare que J. Baraz, archidiacre de Châlons, et Jean Polinus, chanoine d'Essommes, exécuteurs testamentaires de son père Guillaume, ont confirmé le don de 15 muids de rente sur la vigne de Moelain, fait par son ayeul Gui.

1254. Septembre

Geoffroy, évêque de Châlons, déclare que Baudouin, chevalier, dit Taillefer d'Amance, seigneur d'Etrepy, a donné toutes ses dîmes d'Etrepy, Bignicourt, la grange près d'Etrepy, la dîme de sa vigne du même lieu, la dîme d'Haussignemont, etc., un muid d'avoine en celle de Montcetz ; consentant Sibille, sa femme.

1245. Décembre

Guillaume, abbé d'Ourscamp prononce sur le différent soulevé entre les abbayes de Cheminon et de Compiègne : que, celle-ci continuera à percevoir ses dîmes de Maurupt ; que celle de Cheminon aurait seule la moitié de la dîme du Bois du

Comte à Cheminon et que la dîme de la grange de Tournay serait commune. Quant au cens annuel de 11 sols châlonnais dus à la Quadragésime à Ponthion, pour la forêt de Luiz, l'abbé de Compiègne y substitue 30 sols monnaies de Provins ou autre ayant cours, avec 6 deniers d'amende par jour de retard après le 11° de l'échéance. De plus, en signe d'affection, l'abbé de Cheminon donnera à l'abbé Jean tant qu'il vivra, chaque année une paire « bottarum conventualium et de mera gratia, » portées à Rumigny-en-Tardenois, à Noël.

1245. 6° férie après S. Remy

Raoul, doyen de Notre-Dame de Vitry, décide au sujet du discord soulevé entre l'abbaye et Colard de Haussignemont, chevalier, et Perrot Faber, son homme, au sujet de la résidence de Nicolas « dou Han » de Favresse, que l'abbaye percevra tout le revenu, sauf 13 livres 1/2 appartenant audit Perrot ; sur la réclamation dudit Collard de deux chevaux à l'abbaye, laquelle lui en redemandait un, l'arbitre décide que les religieux livreront dans l'année un poulain. Les cautions furent Renard, seigneur de Luxémont et Pierre, seigneur de Blacy, chevaliers, pour Colart, et l'abbé pour l'abbaye [1].

1245. Mars

G. doyen de la chrétienté de Vitry déclare que Vittier de Cheminon-la-Ville a reconnu avoir reçu à titre viager, de l'abbaye, 6 journels de terres près du grenier (*horreum*), de Braidel, sous un cens de 2 deniers par journel.

1246. Juillet

Pons, prévôt de Vitry, déclare que Gautier et Jean, fils de Colet Graverius, de Courceles, ont vendu à R. de S. Quentin, leurs biens et ceux de leur frère Maheu, sis au champ de Pont-Focrin (?) à S. Lumier [2].

1. Vidimus de l'archidiacre de Châlons, 1273, 4° dimanche, après « Misericordie domini. »
2. Vidimus dudit, par Th. de Sarry, official de Châlons, mars 1255. Sceau rond, moyen, †. PREPOSITVS. DE. VITRIACO., écu de Champagne et Navarre. — Au contre-sceau, une couronne fleurdelysée.

1246. Août

L'official de Châlons déclare que Éveline, veuve de Nicolas de Vilers, chevalier, fille de feu Bovor de la Gravière, et Marguerite, ont donné une place, sise près la maison de l'abbaye, au champ Popelin, près Châlons, sur un cens annuel de 40 livres, monnaie courante à Châlons.

1247. Mai

Etienne de la Malmaison, chevalier, bailli de Chaumont, déclare que Fromont de Scrupt, chevalier, a renoncé, en présence du seigneur Jean dit Barre et autres, tenant les assises du roi, à ses réclamations sur diverses terres et sur les terrages d'icelles à Scrupt, Saint-Vrain et Saint-Lumier.

1247. 1er jeudi après les Brandons

L'official de Châlons fait savoir que Théobald de Récy et Eremburge, sa femme, donnent tous leurs biens, meubles et immeubles, en conservant l'usufruit.

1247. Septembre

Le même déclare que Pierre, curé de Cheminon-la-Ville, renonce à ses prétentions sur deux vignes appartenant à Vivien, son prédécesseur.

1247. Octobre

"Marguerite", comtesse de Flandres et du Hainaut, donne un cens de 10 livres sur ses revenus du comté du Hainaut à Valenciennes.

1247

Bulle d'Innocent IV décidant qu'aucun étranger ne pourra être pourvu des bénéfices de l'abbaye. (Lyon).

1. Marguerite, seconde fille de Baudoin IX, comte de Flandres et du Hainaut, empereur de Constantinople, veuve de Bouchard d'Avesnes, épousa Guillaume II de Dampierre Saint-Dizier.

2. Cette charte qui est rapportée dans un vidimus de 1315, est suivie de l'approbation de Jean d'Avesnes, chevalier, fils aîné de la comtesse.

1247

Bulle du même déclarant que l'abbaye ne pourra jamais être forcée d'aliéner ses biens.

1247

Bulle du même autorisant l'abbaye à conserver les biens des personnes y prenant l'habit, sauf « de bonis feudalibus ».

1247

Bulle du même au doyen de Châlons, approuvant la donation d'Aubert du Plessis de 36 setiers, de blé-avoine, de rente sur le terrage de Thiéblemont.

1247. Avril

Guillaume, comte de Flandre, seigneur de Dampierre, notifie que son féal Jean de Norrois, chevalier, a donné, du consentement de sa femme Marguerite et de leurs enfants, ses biens de Dommartin et de Lettrée.

1247. Juin

L'official de Châlons déclare que Ev., de Tournay, servante de feu Jacques de Mutigny, chanoine de Tournay, a donné tous ses biens meubles et immeubles.

1247

L'abbé de Troisfontaines, autorise l'abbé de Cheminon à clore le ruisseau de la Malmaison, à condition de prévenir tout débordement et sous un cens annuel de 20 deniers de Provins.

1248. Juin

Jean de Faguières, archidiacre de Châlons, déclare que Pierre dit la Hale, écuyer, fils de Guillaume, seigneur de Saint-Vrain, et Isabelle, sa femme, donnent une rente de neuf bichets de blé-avoine, vieille mesure de Vitry, sur les terrages de Beaumont et de Blesme.

1248. Novembre

Le prévôt de Vitry constate l'accord intervenu entre l'ab-

8

baye et 'e prieuré de Sermaize pour les dîmes de Haussignemont, Etrepy, etc., par lequel les deux tiers appartiendront
à Cheminon et un tiers au prieuré.

Sceau.

1248. Décembre, samedi après S. André

Aubert, seigneur de Vavray-le-Petit, écuyer, donne, à
charge de célébrer annuellement son obit, le moulin Talet, du
consentement d'Isabelle, sa femme, et d'Aubert du Plessis,
père dudit Aubert, qui prêta son sceau ; — l'écu paraît porter
des bandes.

1248. Juillet

L'official de Châlons déclare qu'Aubert de Cheminon-la-
Ville, fils de feu Varin, croisé, comptant partir pour la croisade
« intendens peregre proficisci in terram sanctam, » reconnaît
avoir reçu de l'abbaye 42 livres argent en échange du four de
Cheminon, d'un pré et des vignes du moulin, avec droit de
reprise en cas de retour.

1248

Don d'une rente de 20 septiers de grains sur le terrage de
Bettancourt, par le comte de Flandre.

Je Guillaumes cuens de Flandres et sires de Dant Pierre et
de Saint Disier, fai à savoir à tos ciaus ki ces lettres verront
ke je les ai lae et otroie por Deu et por le salu de mon ame et
de mes encesseurs à l'esglise de Chemynum, de l'ordre de
Châtaus, XX sestiers de...... terrages de Betoncourt ke
il viesnent de l'aumone des hers de Asmence, ki muevent de
mon fie, einsis com nos avons veu en chartres mon segnor Garnier de Asmence et mon segnor Bauduin Taillefer ; et por ce ke
ce soit ferme chose et estable je ai seelees cez lettres de mon
seel et ce fu fait ce lan de l'incarnation nostre segnor M. et
CC. et XLVIII.

1249. Novembre

Robert, doyen de la chrétienté de Vitry, constate l'accord
intervenu entre l'abbaye et Jacques, écuyer, et dame Marie,

sa femme, qui renoncent à leurs réclamations sur une jument que les hommes de l'abbé auraient prise et tuée et sur divers autres points non détaillés.

Sceau.

1249. Mars, 4ᵉ dimanche après *Letare Jerusalem*

L'official de Chalons déclare que l'abbaye a vendu une vigne sise à Merlaut et une rente d'un setier de blé, mesure de Vitry, sur le champ Bardot entre la grange de Tournay et le village de Broisson, sous un cens perpétuel de 2 setiers de blé, à Jean dit Mabile, chevalier, de Ponthion.

1250

L'official de l'archidiacre de Châlons déclare que le doyen de la chrétienté de Bar-sur-Aube, délégué par le doyen de Bassigny, adjuge à l'abbaye une rente de 2 muids de vin; une rente de 10 sols et d'un setier de seigle-avoine sur les biens de Raoul de Bussigny.

1250

Robert, doyen de la chrétienté de Vitry, déclare que Nicolas de S. Lumier, écuyer, mourant, a légué une rente d'un muid de blé à percevoir en la maison de l'abbaye de S. Pierre-au-Mont, à Saint-Lumier, et d'un muid d'avoine-seigle sur les terrages de Baon, mesure de Vitry.

1250

Aubert, seigneur du Plessis, délégué par Thibaut, roi de Navarre, comte palatin, lui adresse une lettre pour l'informer de l'accord qu'il a établi entre l'abbaye et Jean, écuyer, seigneur de Heiltz, — Gautier d'Arzillières commis a ce avec lui, — au sujet de l'abornement des fossés de « la Weigarin iusque au ru de Gamey, » ledit Jean renonçant à sa plainte. Le vendredi après S. Marc.

Sceau rond, assez grand, en cire brune. †. SIGILLVM. AVBERTI. DE. PLASSEIO., écu en forme de bouclier bandé de six pièces.

Pas de contre-sceau.

1248

Boëce, vice-camérier du pape, déclare avoir reçu de l'abbé, pour trois années de cens, la somme de 3 sols tournois de Nicolas, clerc, procureur de l'abbaye, pour la chambre du pape. Lyon, 2 des ides d'avril.

1251. Septembre

Le comte de Champagne autorise l'abbaye à acquérir les hommes tenus par son féal Thibaut, comte de Bar, à Cheminon-la-Ville. Fait à Gandelon.

Sceau.

1251. Décembre

Lettre d'amortissement du comte de Champagne en faveur de l'abbaye.

Nos Thibaut par la grace ce Dieu roy de Navarre, de Champagne et de Brie, cuens palatin, faisons savoir à tous ceux qui ces présentes lettres verront et orront que come li abbés et couvent de Cheminon eussient fait paix à noz de tous les acquêts qu'ils avoient acquis en notre terre et en noz fiefs, en censives, ou tems nostre chière mère, si come noz entendîmes par témoins des bonnes gens et de ce eussient-ils eu nos lettres, si come il dient, ainsi come Guillaume qui fu abbé de Hautefontaine et frère Alous, moine de Cheminon le jurèrent en nostre présence sur le livre et la croix au péril de leur âmes, de laquelle paix eumes nos, si come il dient, trois cent livres de provenensiens forts. Lesquez nos lettres qu'il ont de nos, seur esdits acquets et seur la paix qu'il au firent vers nos et nos vers eux, li dit abbé et le couvent de Cheminon perdirent par malgarde, si come il dient ; et nos par lamour Nostre Dame Saincte Marie et por le salut de nostre ame et de tous nos ancesseurs leur loonz et avons loe tous les acquets que li diz abbé et le couvent de Cheminon fireut au tems nostre chière mère an nos fiefs, an censives ; en témoins de laquelle chose qui soit ferme et durable por jamais, avons fait seeller es présentes lettres de notre sael pendant, et fu fait et donné au Villefranche en Navarre, la veille

Sainct-Nicholas an l'an de grace mil deux cens cinquante et cinq, au mois de décembre.

1251. Août

Jean de Fagnières, archidiacre de Châlons, vicaire général de l'évêque, P. doyen, Etienne, official de la cour de Châlons, Thomas de Sarry, présentent lettre du comte de Champagne permettant à Raoul, doyen de Notre-Dame de Vitry, curé de S. Quentin, de léguer ses biens aux églises sises dans ses états.

1251. Septembre

Lettre du roi Philippe autorisant l'abbé à acheter à Cheminon les hommes que le comte Thibaut de Bar-le-Duc tient de lui.

1253. Juin

L'official de Châlons déclare que Pierre de Blesme, écuyer, reconnait avoir amodié de l'abbaye et de l'église Notre-Dame de Vitry, quinze pièces de terre à Blesme sous un cens annuel de 10 setiers de blé-avoine (vieille mesure de Vitry) ; de plus que Gautier, chantre de l'église de *Moretolv* a légué les susdites terres sises derrière les églises de Cheminon et de Vitry.

1253. Novembre

Le même déclare qu'Aubert, abbé de Cheminon amodie pour quinze ans une fauchée de pré et quatre journels de terre pour un cens annuel de 3 setiers blé à Acoline et Heluys, sœurs, de Blesme.

1253

P. doyen, official de la cour de Châlons et de l'archidiacre, déclare avoir assisté à l'ouverture du testament de Raoul, doyen du chapitre de Vitry, léguant à l'abbaye sa maison de Vitry et dépendances, sises dans le bourg près de la place, et la petite maison pour bâtir une chapelle « apud mare » en dotant celle-ci d'un pré à Outrepont, d'une fauchée 1/2 à Merlaut et de vignes. Le premier chapelain devait être Dominique, clerc du défunt et après lui un chanoine de S. Memmie, la collation devant appartenir à cette abbaye. Il a légué en outre ses acquets de Saint-Quentin, Changy, Outrepont, Merlaut, etc.

1253. Novembre

L'official de l'archidiacre de Châlons, déclare que Varnier, dit Bogiers de Cheminon-la-Ville et Aceline, sa première femme, ont écangé leurs terres de Villers-le-Sec et de *Valle Hayberti*, Durefosse et un pré sur le Corru contre 10 journels sis à Cheminon.

1253. Janvier

Robert, chevalier de Somme-Vesle et châtelain de Vitry, donne une rente d'un boisseau de blé, valant 10 setiers, sur le moulin de Ponthion.

1254. Juin, avant la Saint-Barnabé

L'official de H. archidiacre de Châlons déclare que Richer de Blesmes, écuyer, fils de feu Roger, écuyer, libère l'abbaye d'une rente de 2 setiers blé-avoine (vieille mesure de Vitry) à lui due sur les terrages de quelques champs de la grange Beaumont. De plus il la libère également de tous les terrages des terres acquises à Beaumont jusqu'à ce jour ; plus la moitié du terrage de 3 journels que l'abbaye tenait d'Aceline la Papelarde, de Blesmes, pour 15 ans, à charge de les faire cultiver.

1254. Veille de Pentecôte

Gui, abbé de S. Memmie et Aubert, abbé de Cheminon, font savoir que Nicolas de Haussignemont, chevalier, a donné à l'abbaye 20 livres provinoises fortes ; — Au presbytère de Haussignemont, 6 journels ; au curé, son palefroi Morel ; à l'abbaye de S. Memmie, 40 livres ; à la pitance de S. Memmie, 10 livres ; à la fabrique de l'église, 10 livres ; à l'abbé, 20 livres « pro sua voluntate facienda ; » à Pentecôte, sa servante, 10 livres ; à Simon, son mayeur, 100 sols ; à chacune de ses autres servantes, 40 sols ; à Milon, parmentier, son surcot, sa tunique de bure et camelot ; à l'abbaye de S. Memmie, son palefroi Ferrand ; à Jacques, clerc de Châlons, son cheval Liard ; à Odon le Roux, valet de Hugues, un setier de blé, grande mesure. A cet effet, ledit mit tous ses biens dans les mains de l'abbé de Cheminon, de Geoffroy, curé de Haussignemont, de Jacques de Châlons, et de Hugues de Vanault, écuyer.

1254. Décembre

L'official de l'archidiacre de Châlons déclare que Drouet, de Coole et Ode, sa femme, donnent une terre sise à Coole.

1254. Veille Pentecôte

L'official de Châlons fait connaitre la donation faite par Nicolas de Haussignemont, chevalier, pour le repos de son âme et de celle de Marguerite, sa femme, de 1/2 muid de blé, 10 sols provinois, 10 poulets, le tout à lui dû à Hescun (?) 1/2 muid de blé, 30 sols provinois sur sa pêche, 3 poulets et 5 sols de cens annuel sur Montcetz-sur-Marne ; il donne en outre tout ce qu'il avait sur les dîmes de Barancourt et Villers près la Neuville.

1254. Août

Lettre d'amortissement de Marguerite, comtesse de Champagne, reine de Navarre et de Thibaut, son fils ainé, pour 3 arpents de vigne achetés à Hersende, veuve de Jean de Vitry dit Pavillon ; 2 sols de cens acquis de la même et que l'abbaye lui devait payer annuellement sur une vigne sise « en Rouvroy. » Le roi de Navarre s'engage à renouveler ces lettres si elles lui étaient représentées sous cinq ans ou environ.

1255. Juin

Garnier de Vitry, de la grande église, et Jacques, chanoine de la Trinité de Châlons, déclarent que par accord avec le chapitre de Châlons, l'abbaye percevra 5 setiers 3/4 de blé-avoine sur les dîmes des terres acquises à Blesmes depuis le concile tenu par Innocent III.

1255. Décembre

Pierre de Cortpalais, chevalier, bailli de Vitry, fait savoir que Molez de Vitry et Helvis, sa femme, ne réclament rien sur leurs acquets de Raoul de S. Quentin.

1255. Septembre

Lettre confirmative des exécuteurs testamentaires de Raoul de S. Quentin : P. doyen de Châlons, R. ancien abbé de S. Memmie, Conon, curé de S. Jean, chapelain du roi Thibaut, Th. de Sarry, official.

1255. Avril

L'official de Châlons fait savoir que Boves de S. Amand, fils de feu Anscher, époux de Helvis dite Doucie, fille d'Hersende, reconnut avoir à tort inquiété l'abbaye au sujet des acquets de Raoul de S. Quentin, oncle de ladite Helvis.

1255. A la Madeleine

Renaud, clerc, notaire de l'official, fait savoir que l'abbé de S. Pierre pour un cens d'un muid de vin (vieille mesure de Vitry) a renoncé à sa réclamation pour divers champs à la Fournière, etc.

1255. Février

Gautier, chevalier, sr d'Arzillières, déclare que Bertremin, bailli de Coole, et Marguerite, sa femme, vendent 4 journels au mont de la Perrière devant la maison de l'abbaye, à Coole. Sceau grand, rond, cavalier armé : sur l'écu, 2 léopards.

1255. Avril

L'official de Châlons déclare que Jean dit de Norrois, chevalier ; Marguerite, sa femme ; Isabelle, veuve de Vittier du Buisson ; Emélotte, leur fille, renoncent aux réclamations qu'ils formaient contre les travaux de réparation faits par les moines de leur moulin du Buisson.

1255. Mars

L'official de Châlons déclare que Ogier de Donnevoux et Isabelle, sa femme, donnent 10 journels sis à S. Quentin.

1256. Avril

Robert, doyen de la chrétienté de Vitry, déclare que Evain, chevalier, de S. Lumier, mourant, a légué, du consentement d'Eremburge, sa femme, ce qu'il avait en la menue dîme du lieu dont il était paroissien, choisissant sa sépulture dans l'abbaye, plus une rente de 2 setiers de blé (vieille mesure de Vitry) sur le champ dit Rufeis, et d'un muids de vin (même mesure) sur sa vigne de Vigniez.

1256. Janvier

Pierre de Cortpalais, bailli de Vitry, déclare que Jean dit de Somsois et de Corceles, écuyer, abandonne à l'abbaye ses réclamations sur 14 journels de terre à S. Lumier, dont 9 près du Pont-Fourchin.

1256. Mai

Sébille, dame d'Etrepy, lègue à l'abbaye une somme de 25 sols.

1256. Août

Pierrre de Cortpalais, bailli de Vitry, dénonce l'accord intervenu entre l'abbaye et Jean Budel et Hersande, sa femme, pour maisons et dépendances sises à S. Quentin-sur-Coole, ayant appartenu à Hue Maillart, puis à R. de S. Quentin, doyen de Vitry, et données par lui; lesdits époux renonçant à leurs réclamations et promettant garantie jusqu'à la somme de 13 livres fortes de Champagne [1].

1256. Mai

Gobert de Montchablon, écuyer, seigneur de Bouconville, reconnaît le don fait par R. de S. Quentin de terres sises à S. Quentin et à S. Lumier et permet aux moines d'y acquérir encore 15 journels, moyennant la remise d'une somme de 15 livres, acte fait à la demande de Perette de Ville-sur-Tourbe, sœur de Gobert, et de Mahaud, sa femme, suzeraine.

---

1. Une charte épiscopale de mai 1260, porte même reconnaissance par Jeanne Le Fix, dame de S. Quentin.

Sceau moyen, rond, cire jaune. †. Ş. GOBERTI. DE. MO-
TISC.... ET. BOCOVILLE., écu chargé de 3 pals de vair,
avec chef chargé d'un lambel de 5 pendants.

1256. 2º férie après octave SS. Pierre-Paul

L'official de Châlons fait savoir que Henri, curé de S.
Quentin, a renoncé à ses prétentions sur divers biens, dont le
champ du Doyen, sis à S. Quentin, et provenant de Raoul de
S. Quentin.

1257. Janvier

L'official de Châlons déclare que Jean de Contrissons,
écuyer, et Helissende, sa femme, cèdent pour 20 ans 3 journels
de terre, sous un cens annuel de 2 setiers blé-avoine
(vieille mesure de Vitry) sur la grange de Beaumont.

1257. 6º dimanche après Letare

Le même déclare que l'abbé de « Chemygnon » et les exécuteurs testamentaires de R. de S. Quentin ont pris pour
arbitres au sujet de la maison d'Hugues dit Maillart, Garnier,
chantre de Châlons ; Thomas, doyen de la chrétienté de
Châlons, et Thomas de Sarry, un des dits exécuteurs, —
ceux-ci prenant pour caution de leur engagement Jacquier,
vicaire de S. Etienne de Châlons, et Gautier, curé de S.
Antoine.

1257. Février

Pierre de Cortpalais, bailli de Vitry, fait savoir que Colet de
Launois, « le janres Morin, » donne à Vitry une place devant
la maison de l'abbaye, rue S. Lazare, du consentement de sa
femme, qui avait reçu cette place de son frère Guillaume.

1257. Mars

Accord avec l'abbé de S. Pierre-au-Mont au sujet du don
de R. de S. Quentin.

1257. 3º dimanche après Pâques

Jean dit le Eschaucier de Ponthion et Colin, son fils, donnent, par devant l'official de Châlons une rente d'un setier de

blé (vieile mesure de Vitry) et 2 deniers pour une terre à Ponthion.

1257. Février

Guillaume, chevalier, de Plichancourt, et Hodierne, sa femme, renoncent à toute réclamation sur les legs faits par Nicolas, chevalier de Haussignemont, de terres à Heiltz-l'Evêque et à Moncetz-sur-Marne, par devant l'official de Châlons.

1257. Janvier

L'official de Châlons déclare que Milon, écuyer, seigneur de Bayarne, a donné le droit de pâture à Bayarne pour les animaux de la maison de l'abbé, la maison de S. Quentin, et 3 setiers de blé-avoine sur le terrage de Frignicourt (vieille mesure de Vitry).

1258. Dimanche après la Barthélemi

L'official de Châlons déclare que Nicolas Vitry, clerc, fils de feu Charnet, et Oderonne, sa femme, ont vendu (devant Alof, moine de l'abbaye), pour 8 livres fortes tournois, une vigne à Vitry, lieu dit Rovroy.

1258. Juillet

Pierre de Cortpalais, bailli de Vitry, déclare que Odinet de S. Hilaire, écuyer, renonce à ses prétentions comme suzerain sur les terres léguées par Raoul de S. Quentin audit S. Quentin, après avoir appris la paix de l'abbaye avec Ogier de Donnevout, chevalier et Isabelle, sa femme.

Même acte passé en décembre devant l'official de Châlons.

1258. Juillet

Le même déclare la renonciation de Jean des Pasquis, écuyer, de Vitry, qui réclamait un cens de 11 deniers sur la maison de Vitry, rue S. Lazare.

1259. Juin

Gautier, chevalier, seigneur du Plessis, déclare que Eveynus, chevalier, de S. Lumier et Eremburge, sa femme, ont donné leur part de la menue dîme de S. Lumier, et approuve comme suzerain.

1259

L'official de Châlons fait savoir que Viard, de Cheminon-la-Ville, reconnaît avoir donné à perpétuité à l'abbaye la terre dite de l'Eglise, audit Cheminon, contenant 4 journels, où il a planté une vigne, sous un cens annuel de 6 deniers, devant en outre un muid de vin sur 9 produits par ladite vigne, la dîme des arbres fruitiers, etc.

1259. 5e férie avant S. Marc, évêque

L'official de Châlons déclare que Renaud de Vitry dit Pellipertus ayant légué 1/2 arpent de vigne à Vitry, lieu dit *en verse coste*, l'abbaye reconnut après discussion devoir, sur cette vigne, un cens annuel de 6 deniers à Pierre, fils de Robin, de Sézanne.

Sceau ovale, petit, cire brune. †. S. OFFICIALIS. ARCH. CATHAL., fleurs de lys dans le champ.

1259. Juillet

Etienne, doyen de Châlons, Raoul, dit de S. Memmie, chanoine de Notre-Dame-en-Vaux, Michel, moine de Haute-Fontaine, sont choisis comme arbitres par Guillaume abbé de Cheminon et Henri, curé-doyen de S. Memmie de Vitry, pour décider de la possession du champ dit du Doyen à S. Quentin.

1259. Février

L'official de Châlons déclare que Jean, curé de Cheminon, reconnaît avoir acheté à l'abbaye deux vignes à Cheminon-la-Ville pour 20 livres tournois et à condition qu'elles reviendraient au monastère à son décès ou en cas de changement de cure ; il devait en outre donner par an un muid du vin, grande mesure de Vitry.

1260

Thibaut, roi de Navarre, comte de Champagne, renonce à ses prétentions sur le bois de Renaud-Val, en y abandonnant tous ses droits quelconques ; et également à la saisie faite par son père de 32 setiers de blé de rente à Changy, Maucourt, Nettancourt, S. Lumier, Blesmes, Thiéblemont, Arrigny. Pierre de Roncevaux, vice-chancelier. Jeudi après la Trinité. Eudes de Château-Thierry, clerc du roi.

1260. 3e dimanche après Quasimodo

Les arbitres décident au sujet du champ dit du Doyen à S. Quentin, que l'abbaye percevrait dessus 10 sols tournois de cens et aurait la moitié de la récolte de l'année courante.

1261. Juillet

L'official de Châlons déclare que Denis de Favresse et Agnès, sa femme, ont donné leurs terres sises à Favresse, Haussignemont et Tournay.

1262. Septembre

L'official de Châlons déclare que Robert, chevalier, de Sommevesle, châtelain de Vitry, Jeanne, sa femme, et Jean, leur fils aîné, cèdent le droit de toute pature à Changy, Merlaut et Outrepont.

1262. Fête de S. Jean-porte-Latine

B. abbé de Cheminon et A. abbé de Trois-Fontaines déclarent que leurs paturages ne seront plus communs pour les porcs, mais seulement pour les autres animaux,

1262. Avril

Echange devant l'official de Châlons de biens sis à Ponthion entre l'abbaye et Robinet de Ponthion, écuyer, et Isabelle, sa femme.

1265. Novembre

Jean de Brière, bailli de Troyes, déclare que Jean de Conflans, écuyer, et Béatrix, sa femme, fille de Sibille, dame d'Etrepy, sœur de feu Clarembaud, a reçu d'Agnès, dame d'Etrepy, femme de Jean d'Etrepy, chevalier, 250 livres pour la vente de ses biens de Conflans, Coulommiers, Jussécourt, Aillencelles ; les cautions sont : Jean, seigneur d'Arcis, Jean, seigneur de Chappes, Guillaume, seigneur de Jully, chevaliers.

1265

Bulle de Clément IV confirmative des biens de l'abbaye.

1268. Juillet

L'abbé de Jandures donne deux rentes de 5 et 3 deniers dues par Raoul, doyen de Vitry et M° Thomas de Vitry sur la terre de Cuin (?), sise sur la route de Vitry.

Sceau ovale, petit, cire verte : †. IGILLVM. ABB......... moine debout.

1269

Lettre d'amortissement général accordée par Thibaut, comte de Champagne, pour le repos de son âme.

1269. Lendemain des Rameaux

Lettre du comte de Champagne faisant savoir que Agnès, dame d'Etrépy, Guiot, son fils, et ses autres enfants, reconnaissent les dons faits par les seigneurs du lieu, par l'entremise de Amaury, abbé de Trois-Fontaines et de Guillaume de Brion, chevalier.

1269. Samedi dans la quinzaine des SS. Pierre et Paul

L'official de Châlons déclare que Odinet de Sermaize, barbier, et Hawis, sa femme, ont donné une place avec une vigne audit lieu, dans le faubourg de Vitry.

1270

Comme il y avait contestation entre le comte Thibaut de Champagne, roi de Navarre et l'abbaye au sujet du bois dit Reualdi Vallis, le comte, suivant l'avis d'hommes sages, fit don de ce bois au monastère pour le repos de son âme et de celles de ses prédécesseurs, sans conserver ni droit ni usage.

De même à la prière des moines il leur donna 32 setiers saisis par ordre de son père Thibaud, savoir : 6 à Changy, 8 à

Maucourt, 4 à Nettancourt, 4 à Thiéblemont, 2 à Saint-Lumier près Blesme, 3 à Arrigny, lesquels setiers, avaient été acquis dans le fief du comte.

Donné à Paris par la main de frère Pierre de Roncevaux, vice-chancelier, le premier jour après l'octave de la Trinité, 1270.

Note d'Odon de Château-Thierry, clerc du comte.

1270. Juin

Jean de Joinville, chevalier, seigneur de Mailly, et Renarde, sa femme, déclarent que les habitants de Brusson n'ont pas le droit de passage sur les terres de l'abbaye entre Tournay et Brusson, entre le champ à l'Ecu et le pré des Prêtres.

Sceau moyen, rond, cire brune : † S. IEHANS. DE. JOIN-VILLE. SIRE. DE. MAILLI. Ecu triangulaire portant un chef chargé d'un lion issant. — Même écu au contre-scel.

1270. 4e férie après la Trinité

L'official de Châlons déclare que Ponsin Viverins a laissé à vie le moulin de Cheminon-la-Ville pour une rente de 60 setiers de blé, vieille mesure de Vitry, et l'abandon de ses biens, par devant André de Causidiciis, moine de l'abbaye.

1270. Même date

Le même déclare que Milet, de Cheminon-la-Ville, dit de la Grange, a reçu 4 journels audit lieu, sis entre le moulin et la fontaine dite à Trois-Mailles sous un cens perpétuel de 4 sols de Provins, à charge de les planter en vigne dans un délai de 2 ans.

1271. Février

Etienne de Ponthion, doyen de Vitry, déclare que Raulin Olivier et Marguerite, sa femme, ont vendu leur maison et dépendances de Cheminon-la-Ville, et les reprennent ensuite sous un cens de 22 sols tournois, à la S. Martin d'hiver « as coustumes de Vitry. »

1273. Veille Toussaint

Guillaume, seigneur d'Arzillières, chevalier, et Anne, dame

d'Aulnay, sa femme, ont vendu pour 500 livres à Guyot d'Etrepy, leur cousin, le village de Mauupt.

1273. 3ᵉ dimanche après Toussaint

Bertrand, de Cheminon-la-Ville, boucher, fils de Barat, et Jeanne, sa femme, louent pour un cens de 30 sols, monnaie courante de Champagne, 3 journels près la Fontaine Tiebert, à Cheminon-la-Ville.

1274. Mai

Pierre de la Malmaison, chevalier, bailli de Vitry, déclare que, sous une amende de 300 marcs d'argent que percevrait le roi de Navarre, Philippe, abbé de Cheminon s'est mis d'accord avec la communauté de Cheminon-la-Ville en ce sens qu'il renonce à la dime des arbres fruitiers, conservant le 9ᵉ des autres produits et les anciennes redevances d'avoine.

Le sceau de Pierre porte un écu chargé d'une croix ancrée.

1274. Jeudi avant la Trinité

Même acte passé devant l'official de Châlons par Etienne, mayeur de Cheminon-la-Ville, Richard, notaire, Drouet Cousins, Perrot, gendre de maitre Viard, fils de Cornolle, échevins et 32 principaux habitants.

1274. Même date

L'official de Châlons déclare que Framburge, fille de Giselete a reconnu tenir de l'abbaye 2 vignes à Cheminon-la-Ville sous un cens annuel de 15 sols forts tournois.

1276. Juin

Geoffroy, curé de Blesme, fait savoir que l'abbaye ayant part à la dime du lieu avec le chapitre de Châlons, le curé et autres, le blé ne peut être battu que du consentement de tous dans la grange louée par le chapitre et le curé seuls.

1277. Juin

L'official de Châlons déclare que Jean, dit de Cheminon et Oudiarde, sa femme, demeurant à Coole, tiennent de l'abbaye la terre d'icelle à Coole pour neuf ans à raison de 10 setiers de seigle, 10 d'avoine, 4 d'orge, par an, vieille mesure de Vitry.

1278. Avril

L'official de Châlons déclare que Helvys, fille de Gaunain, de Cheminon-la-Ville, Pétronille la mal gardée, sa sœur, Aubert et Jean, leurs frères, ont vendu deux pressoirs, audit lieu, avec une place derrière leur maison, pour 20 livres tournois.

1278. 3ᵉ férie après Pâques

L'official de Châlons déclare que Viard de Sermaize, fils de feu Jacquet de Revangeio, et Ermengarde, sa femme, ont donné une maison à Sermaize.

1279

L'official de Châlons déclare que Marguerite Papelarde, fille de Jean dit Pelinchon, de Cheminon-la-Ville, a donné tous ses biens quelconques « ubicumque poterint inveniri » pour après lui, se réservant seulement la disposition libre d'une valeur de 40 sols sur ces biens.

1279. Samedi dans la quinzaine de SS. Pierre, Paul

Le même déclare que Michelet dit Videsse, de Cheminon-la-Ville, et Isabelle, sa femme, ont donné après leur mort leurs biens.

1282. Juillet

Guillaume de Muissy, bailli de Vitry déclare que Colet, fils de Jean le Cocucat, de Larzicourt, Jacques Lalive, de Vitry, et Anceline, sa femme, ont loué pour 9 ans une maison à Sermaize pour 4 livres 10 sols petits tournois par an.

1285. 6ᵉ dimanche après Quasimodo

L'official de Châlons déclare que Poyntin dit li Belle, de Cheminon-la-Ville, donne tous ses biens quelconques à charge d'être enterré dans le cimetière de l'abbaye.

9

1285

Même don par Arnulf, dit li Auns et sa femme Marguerite, du même lieu.

1285. Février

Jean de Villa Blona, chevalier, bailli de Vitry, déclare que la communauté de Cheminon-la-Ville a renoncé à sa réclamation au sujet du ruisseau du moulin dont les moines auraient fait un étang, à condition d'entretenir la fontaine sise au-dessus du moulin et où l'on roue le chanvre. L'abbé accorde ensuite de ne plus lever que le 9e au lieu du 6e pour la dime du lin.

1285. 3e férie avant S. Barthelemy

L'official de Châlons déclare que Jean de Saint-Lumier, écuyer, fils de Marguerite, et Mabilette, sa femme ; Jean dit Lyres, écuyer, Isabelle, sa sœur, enfants de feu Colesson, écuyer ; Marie, fille de feu maitre Hugon et Jean, son frère, cèdent leur part dans la menue dime de St-Lumier en échange des biens possédés par Jean dit Cordelier, convers de l'abbaye, sis au même lieu.

1289. Veille de la Toussaint

Guillaume, chevalier, seigneur d'Arzillières, vend, du consentement de ses enfants, 120 setiers seigle-avoine, mesure de Coole, de rente sur la dime et en la grange de l'abbaye à Coole pour 450 livres petits tournois.

1290

Agnès, veuve de Aubert du Plessis, Gaucher et Aubert, ses fils, cèdent la dime de Saint-Lumier donnée par leur époux père, laquelle dime avait été contestée à celui-ci par son frère Guitier et cédée contre une rente de 60 setiers de blé sur les terrages d'Orconte.

Sceau rond, moyen. † SIGILLVM. GALTRI. DE. PLESSE. Ecu bandé de 6 pièces.

1292. Mars

Bulle du pape Nicolas IV accordant une indulgence d'un an et 40 jours aux fidèles qui, étant en état de grâce, visiteront l'église de l'abbaye à l'Annonciation, la Nativité, la Purification et l'Assomption et pendant les octaves.

1298

Domenche Point d'Amour, doyen de Notre-Dame de Vitry, garde du scel de la prévoté, déclare que Gérard de Corent, prieur de Sermaize, s'accorde avec l'abbaye qui conservera la maison de feu Humbert le Lombard, à Sermaize, sous une cens de 20 sols petits tournois à la S. Remy.

1298. Lundi après Ascension

Etienne, abbé de S. Oyant déclare que le prieuré de Sermaize s'est mis d'accord avec l'abbaye de Cheminon pour la maison sise à Sermaize venant de feu Hubert Lombard, bourgeois dudit 'ieu.

PIÈCES DU XIVᵉ SIÈCLE

1301. Novembre

Adam, sous chantre de Notre-Dame de Vitry, garde du scel de la prévoté déclare que Colard de Bozanne¹, écuyer, a vendu à l'abbaye la moitié du bois Aubry sur le Fresne, contenant 15 arpents avec la seigneurie et tous droits, pour 50 livres petits tournois.

1301. Vendredi après Noël

Lettre du roi au bailli de Vitry maintenant à l'abbé son droit de chasse dans la forêt de Renardival et autres contre le seigneur de Dampierre qui y avait tué plusieurs sangliers².

1303. Fête S. André

L'official de Châlons déclare que Maubelète Turelli, de Thonnance a acheté à vie pour 25 sols par an la rente de 2

1. La famille de Bozannes appartenait à la meilleure noblesse du Rémois : nous trouvons Jacques, seigneur d'Etropy au XVIᵉ siècle.
2. Vidimus du bailli de Vitry du 20 février 1461.

muids de vin sur le château de Joinville donnée par Jean, sire de Joinville, sénéchal de Champagne.

1303. Mardi après S. Mathieu

Adam, sous-chantre de Vitry, déclare que Nicolas de Pargny, écuyer, fils de feu Jean de Pargny, écuyer, et Marguerite, sa mère, prennent de l'abbaye une maison avec pressoir, jardin, etc., à Vitry, rue S. Ladre, sise entre le pressoir des Nonnains et la maison du monastère sous un cens perpétuel de 100 sols petits tournois.

Sceau rond, moyen. †. S. P. P. DE. VITRIACO. Fleur de lys cantonnée en chef de l'écu de Navarre et de celui de Champagne ; couronne fleurdelisée au contre-scel.

1303. Janvier

Le prieur de S. Thibaut de Vitry et Robert de Gorze, clerc, arbitres, décident contre les religieux d'Ulmoy que l'abbaye de Cheminon (Richer abbé), conservera le sixième des dimes de Mairy près de Vitry.

1310. Novembre

Devant le prévot de Vitry, l'abbé de Cheminon vend à l'abbaye de Trois-Fontaines, les prés dits du Breuil et du Paquil entre Décourt [1] et Plichancourt, plus 130 arpents de bois dit des Acquets, près Renauval.

1310. Veille de S. Benoit

Par le conseil de M. abbé de Monstiers et de Jean, célerier de Clairvaux et l'arbitrage de Gilles d'Avenay et de B. de Precellis, clerc du roi de France et de Navarre, l'abbaye de Trois-Fontaines (Arnulf, abbé) rend, au prix coutant, à celle de Cheminon (Etienne, abbé) 40 arpents acquis par elle.

1312. Samedi après Assomption

Arnoul, abbé de Trois-Fontaines et Renaud, prieur de Ste-Croix de Vitry [2] décident que la communauté des habitants de

1. Hameau du territoire de Plichancourt.
2. Fondé en château en 1056 par le comte de Champagne.

Sermaize n'a aucun droit de pature aux bois Petillart et de Renauval.

Acte confirmé par le prévot de Vitry le mercredi avant la S. Martin d'hiver.

1323. Mars, jour de S. Grégoire

Jean, seigneur d'Etrepy, chevalier, donne, pour le repos de son âme et de celle de sa femme Agnès de la Brouse, 60 sols de rente sur ses assises dudit lieu et à leur défaut sur ses jardins, pour son anniversaire, plus une rente de 2 setiers de blé pour des messes.

Ecu rond, grand : cavalier armé sur un semis de lis ; le contre-scel laisse distinguer un écu chargé d'une face.

1324. Mai

Guillaume d'Etrepy, écuyer, seigneur de Heiltz-le-Maurupt, donne pour le repos de son âme et celles de ses père et mère Guy et Alix et pour ce que les moines « estoient si longtems chapelains et en service nostre seigneurie » la terre dite Sart Morant et le bois de la Motte Bruissart.

Sceau rond, moyen, cire verte. † S. GVILLAVME. DE.... HEISLEMAV... Ecu triangulaire portant une face, au chef chargé de 2 léopards affrontés et passant.

1326. Lundi de la S. Louis

Lettre du roi portant amortissement de tous les biens acquis depuis 30 ans en la châtellenie et baillage de Vitry, savoir : maison à S. Mard léguée par Humbert-le-Maignion ; deux parts de la dime de Nettancourt, données par Hugues de Noyers [1] ; 28° partie de revenu du moulin de Pont-S.-Mard, pour une somme de 11 livres 3 sols : donné à Oulchy.

1329. 23 août

Milès, seigneur de Noyers « ayant cause en partie du sei-

---

1. Evêque d'Auxerre mort en 1206 ; arrière grand-oncle de Milon de Noyers, maître des requêtes de l'hôtel, époux de Marie de Châtillon, père du maréchal.

gueur de S. Dizier, » confirme le don de 5 muids de vin de
rente sur la vigne de Moelain, faite jadis par le seigneur de S.
Dizier.

1367

Ordonnance de Jean, abbé de Citeaux au nom du chapitre
général, déléguant les abbés de Haute-Fontaine et de Monstiers pour décider de la possession du moulin de Ponthion
occupé depuis 60 ans par Agnès, dame de Saux.

1373

Eudes de Savoisy, chevalier, bailli de Vitry, décide contre
Gui d'Anglure, seigneur de Ponthion qui prétendait à la tota-
lité du revenu du moulin dudit Ponthion.

1375

Eudes de Savoisy, seigneur des Fossés, chambellan du roi
et bailli de Vitry, autorise l'abbaye à prendre terre et gazon
pour le moulin de Ponthion, nonobstant les réclamations de
Guy d'Anglure[1], seigneur de Ponthion. Fait aux assises de
Vitry, le 16 janvier.

1381. 28 décembre

Le prévot de Vitry maintient les dimes d'Etrepy à l'abbaye
contre Guillaume, bâtard de Poitiers[2], seigneur du lieu, chevalier et Isabelle de Montricher, sa femme[3].

1393

Edouard, seigneur de S. Dizier et de Vignory[4], reconnait

1. Ponthion passa en 1324 à la maison de Saint-Chéron. Guy de Saint-
Chéron eût pour successeur, en 1375, Oger IV d'Anglure-Saint-Chérou.
2. Fils légitimé de Guillaume, évêque de Langres (fils d'Aimery IV de
Poitiers, comte de Valentinois). Il fut bailli de Vitry. Il épousa probable-
ment l'héritière d'Etrepy, car sa fille Jeanne en était dame et épousa Philippe de Cervole, bailli également de Vitry.
3. Ces dimes (deux tiers) étaient louées en 1642 pour 55 septiers de blé-
avoine, 4 livres de cire pour la sacristie.
4. Edouard, dernier descendant de Dampierre-Saint-Dizier, mort sans
hoirs en 1407.

que ses précédesseurs ont cédé une rente à Noël d'un muid de blé (mesure de S. Dizier), sur le moulin de ce lieu, et que c'est par pure courtoisie que l'abbaye la lui a donné viagèrement.

1399. 14 juin

L'évêque de Châlons autorise pour 5 ans la célébration de messe solennelle dans la chapelle de la maison de l'abbaye à Vitry-le-Château.

1399. 7 novembre

Jean, abbé de la Chalade, reconnaît sa dette pour contribution pontificale de la ferme de la Borde, à Togny, acquise par son monastère en 1322.

PIÈCES DES XVᵉ, XVIᵉ, XVIIᵉ, XVIIIᵉ SIÈCLES

1407

Défense signifiée par le mayeur de Cheminon à l'abbaye de Trois-Fontaines d'établir des forges entre les deux abbayes.

Un acte du 14 novembre 1455 revint sur cette défense en autorisant réciproquement les forges existantes à cette époque.

1431. 18 juillet

Jean, abbé de S. Memmie, reconnaît que, étant associée à l'abbaye de Cheminon, celle de S. Memmie doit célébrer le service solennel de tout moine mourant ; célébrer un service avec sonnerie des cloches à la translation de S. Martin ; recevoir le moine de Cheminon quittant l'abbaye pour cause de pauvreté de la maison ou de correction, lui donner voix au chapitre, prébende, lit au dortoir ; enfin si l'abbé de Cheminon vient à S. Memmie pour correction ou pénitence des moines d'icelle, il pourra y exercer les droits abbatiaux.

1446. 22 mai

Ordonnance de Jean, abbé de Cîteaux, réduisant, vu la « pauvreté, ruyne et désolation » de l'abbaye, sa contribution de 12 florins 12 sols à 3 florins.

1478. 15 mai

Lettre du roi maintenant la dime de Coole à l'abbaye contrairement aux prétentions du seigneur du lieu[1].

1493. 14 décembre

Jean d'Amboise[2], seigneur de Bussy, Maurupt, gouverneur de Normandie, autorise l'abbaye à faire un étang dans le ruisseau de Maurupt.

1494. 5 février

Donation par Andrien Colinet de ses terres sises à Contresson et à Andernay.

1496. 22 juin

Lettre d'amortissement par René, roi de Jérusalem, duc de Lorraine.

Grand sceau rond à fleur de lys, cire rouge. † S. R.... IH.... CICILIE. LOTHARINGIE. DVCIS. ET. BARRI. MARCHI....... Cavalier à bouclier armorié comme le vêtement du cheval. — Même écu soutenu par un ange au contrescel.

1506. 1er décembre

Thierry, seigneur de Lénoncourt et Vignory, bailli de Vitry, condamne Pierre Piétrement, de Cheminon-la-Ville, se disant noble, à payer à l'abbaye à chaque S. Remy, 3 sols 6 deniers pour droit de bourgeoisie ou coutume.

1535. 7 octobre

Arrêt des grands jours de Troyes décidant que Pierre Goujon, curé de Cheminon-la-Ville paiera à l'abbaye (Jean de Rancière, abbé[3]), 50 sols de rente sur les dimes du lieu.

---

1. Une sentence de 1601 déboute les habitants et marguilliers de Coole de leur prétention à faire réparer le toit et la nef de l'église par l'abbaye, comme possédant les 2/3 des dimes.

2. Jean d'Amboise, frère du cardinal Georges du Aimery, grand maitre de l'ordre de Saint-Jean de Jérusalem, etc.

3. Evêque élu de Tibériade en 1541.

1554

Lettres royaux déboutant M. de Geresme, seigneur de Ponthion de ses prétentions sur le moulin [1].

1607

Visite de Denis Largentier, abbé de Clairvaux, portant qu'il a recommandé de tenir la nappe d'autel plus « nettement » et la lampe du chœur toujours allumée.

1612. 10 avril

Nouvelle visite. « Nous avons trouvé notre charte de visite très mal observée et le monastère en grande confusion par la malice des religieux tant au spirituel qu'au temporel. »

1621. 22 juin

Traité par lequel les moines abandonnent à leur abbé, Charles de Lorraine, la nomination du gruyer, « séculier, capable, solvable, » à condition que la charge de controleur demeurera aux religieux [2].

1633. Mai

Acte par lequel Henri Clausse, évêque de Châlons atteste avoir béni l'église de l'abbaye le 9 mai ; les cinq autels des chapelles et le maître-autel le 10, en l'honneur de la Vierge, des Apôtres, des Saints-Martyrs, encore de la Vierge et des saints Confesseurs ; deux autels devant le chœur. Le 1er à S. Bernard et le 2e à S. André ; en présence d'Arnoul, abbé de Châtillon, Nicolas Chesnet, chanoine de Verdun, Jean Levrechon, jésuite, Claude le Picard, doyen de Perthe, Antoine Jacquemart, curé de Cheminon-la-Ville, noble Jacob Josseteau, de Châlons et noble Michel Renaud, de Vitry, bourgeois.

1685

Bulle d'Innocent X privilégiant pour sept ans, extraordinairement, la chapelle de la Vierge à l'abbaye.

---

1. Les familles de Juvigny et d'Espinois au xiiie siècle renouvellèrent pareilles prétentions.
2. L'acte dit qu'ils avaient la nomination de gruyer depuis « 500 ans. »

APPENDICE

Dans notre introduction nous avons mentionné l'existence d'un petit cartulaire de l'abbaye en annonçant sa reproduction à cette place. Mais nous avons constaté qu'il ferait véritablement double emploi, ne donnant que la reproduction très-sommaire des documents du chartrier, et allongerait inutilement cette publication. Il se compose en effet des bulles des années 1103, 1117, 1120, 1137 ; de la charte du comte de Champagne de 1140, de celle de Richard, évêque d'Albano, de 1140, de celle du chapitre de Compiègne de 1116, de celles du comte Henri de 1161, 1169 et 1171.

Puis le copiste a partagé les titres du chartrier entre les granges composant la dot du monastère, donnant seulement le nom du donateur et la nature du don, sans date ni autres détails. Ce travail comprend la grange de Beaumont aumonée, dit le rédacteur, par le comte de Champagne « quando construxit monasterium nostrum » en ajoutant qu'il en changea le nom de *Calvomonte* en celui de *Bellomonte*.

La grange de Tournay principalement constituée avec le don de la dame Ermengarde du Plessis.

La grange de Chasson, cédée par l'abbé de Montcetz en échange des dimes de Chantecoq et autres redevances à Montcetz, Larzicourt, etc. (1212[1]).

---

1. Nous releverons seulement quelques mentions qui nous paraissent curieuses et qui nous avaient, croyons-nous, échappé : Jean de Scrupt, fils de Henri à la Teste, renonce à toute réclamation audit lieu, moyennant une somme de 100 sols « et duas corrigies ad boves jungendas. » — Martin de Favresse donne quatre journels de terre à charge par l'abbaye d'instruire ses fils, deux « in arte ferraria, » le dernier « in arte sutoria. »

Citons aussi parmi les censitaires des prés de Blesme, les trois noms sui-

La liste des censitaires des prés donnés à l'abbaye par Nicolas, prévôt de Blesme, au nombre de 68 payant en tout 16 sols moins un denier.

Enfin une suite de la plupart des chartes de seigneurs énoncés dans notre recueil, toutes du XIIᵉ siècle.

En revanche nous ajouterons des chartes tirées ?·· ···. tulaire de Trois - Fontaines, conservé à la Bibliothèque Nationale, concernant directement Cheminon. Plus quelques chartes que nous possédons et que nous avons achetées dans diverses ventes publiques.

Extrait du Cartulaire de Trois-Fontaines.

« Postque omniano tandum est quod n' quam invenitur quod ecclesia de Cheminon se erigeret contra ecclesiam Trium Fontium vel tempore domini abbatis nostri Alardi vel ante ipsum nisi quod pastores eorum pastores nostros frequenter impugnabant et injurias graves eisdem inferebant, anno autem quo abbas Alardus fuit occisus in aduentu domini abbatis Rogeri facta fuit pax ista que sequitur tempore quo abbas Robertus quondam cantor Clarevallensis erat in abbatia de Chimino. » (fº 141).

1182

Deiamicus, abbé de Monstiers écrit à Pierre, abbé de Citeaux, à Hervé, abbé de la Ferté et à Henri, abbé de Moiremont,

vants : Morin *mordens carnem*, de Saint-Vrain ; Henri *capiens volucres*, de Blesme, Gautier *moriens amoris*, du même lieu.

Du reste, pour donner une idée du peu d'intérêt de ces listes sommaires, nous en transcrivons un court passage : — Reuaud de Ponthion *ad buccam* et Milon, son frère, cèdent trois journels audit lieu et reçurent 60 sols ; Vaucher, Philippe, frères, de Favresse et leur sœur, cèdent 7 journels et reçurent 10 sols en blé et en argent ; Simon, chevalier, de S. Vrain 1 journel et reçut 20 sols ; Nicolas Cemeterius de Vitry, 13 journels entre le Broisson et Tournay et reçut 13 sols ; les lépreux de Broisson huit contre huit autres audit lieu, etc.

comme délégué de Pierre, abbé de Clairvaux, que contrairement au statut du chapitre général, les moines de Cheminon
avait fait, à Rainaval, une construction qu'ils ne voulaient pas
démolir malgré l'ordre qui leur en avait été donné.

Bernard, abbé de Clairvaux autorise Cheminon *ex indulgen-
tia Capituli generalis* à construire une simple tuilerie. (f⁰ 142).

1191

Miles, doyen de Vitry, fait savoir de Robert de Blesme et
Guiard son neveu, ont aumoné à Trois-Fontaines 6 pieds de
terre et de bois, touchant à la terre des moines de Cheminon.
(*Ibid*).

1192

Deiamicus, abbé de Monstiers, fait savoir qu'il a été chargé
de faire exécuter l'ordre du chapitre général donné ci-dessus
par Bernard, abbé de Clairvaux ; il s'assure de ses yeux de la
de la contravention, et ordonne de mettre dehors le moine Gerard de Bar et le convers Pierre qui auraient fait cette construction. (f⁰ 144).

1196

Rotrou, évêque de Châlons, fait savoir que Aubri, fils de
Robert, chevalier de Blesme, avec le consentement de ses
frères Adam et Guillaume, et de Roger, clerc, son oncle, a
donné à Cheminon, tout ce qu'il possédait dans la forêt de Luiz.

Discussion nouvelle avec Cheminon au sujet de cette aumône que cette abbaye s'était fait donner injustement (f⁰ 146).

1225. Juin

Raoul, abbé de Cheminon, fait connaître un accord entre
Trois-Fontaines et plusieurs particuliers au sujet d'une terre
sise près de la *Nouvelle Grange*. (f⁰ 139).

AUTRES CHARTRES DE CHEMINON

1178

Gui, évêque de Châlons, fait savoir que Gui d'Etrepy, du
consentement de sa femme, de sa mère, de Henri, châtelain de

Vitry, d'Aubri d'Amance, dont la femme était sa sœur, a donné 60 fauchées de pré, un emplacement de moulin, les deux rives du ruisseau, un pré, un chemin d'accès, la pêche, l'usage général des patures, sous un cens de 12 deniers au seigneur dudit lieu, sans amende en cas de retard de paiement. Témoins : Varnier d'Etrepy, Viard de Cheminon, Robert de Blesme, prêtres ; Roger de Chimay, Gui de Mareuil, Milon d'Autry, Robert de Blesme, Bérenger. On devra aussi pour ce, la pitance aux moines le jour de l'obit du donateur et de son père.

1188. Mars

Henri, comte de Champagne, s'engage à ne rien aliéner ou donner de ses biens de Cheminon-la-Ville, sinon à l'abbaye, et en témoignage octroie 20 sols d'investiture sur ces revenus. — Haïce, chancelier.

1189

W. abbé de Citeaux, déclare la fin du différend existant entre les maisons de Trois-Fontaines et de Cheminon « quo longo tempore nos fatigavit. » Il fut convenu que ni l'une ni l'autre de ces abbayes ne pourrait construire à moins d'une demi lieue l'une de l'autre.

Sceau de l'abbé, petit, rond, cire brune : moine bénissant.

1208

Baudouin dit Taillefer déclare que Gui d'Etrepy, son ayeul, a donné à l'abbaye 60 fauchées de pré et un emplacement de moulin sur le Brusson, entre Pargny et Sermaize avec les deux rives et un chemin d'accès, la pêche, l'usage des prés ; qu'ensuite d'Aubri d'Amance, son père et Isabelle, sa mère, ont ajouté, savoir 100 fauchées de pré contigues aux prés du moulin susdit sous un cens de 2 sols au seigneur d'Etrepy à la S. Jean-Baptiste ; donation approuvée par Gui, évêque de Châlons et Henri, châtelain de Vitry ; il confirme toutes ces libéralités et donne à son tour 10 journels de terre et l'aunaie sise entre le moulin et le gué Garin, l'eau de Brusson dudit gué au ruisseau de Gemelles, les deux rives, droit d'y cons-

truire un moulin. Consentant Marie, femme de Baudouin, Garnier, frère dudit, ses sœurs Emmeline et Emma.

Grand sceau rond, cire brune, au cavalier brandissant l'épée.

1211

Thomas de Sillery, Jean le Rémois et Hatton, chanoines de
Châlons, font savoir que la léproserie de Sermaize a renoncé
au droit d'usage qu'elle prétendait au bois d'Adam de Commercy ; mais que l'abbé touché de la pauvreté de la maison
susdite, lui donne une vigne à Couvrot, provenant du don
d'Aubri Grosele de Vitry et la rente de blé due à S. Quentin
sur la terre donnée par Nicolas, fils d'Henri Pinevele. Plus
une somme de 10 livres avec laquelle sera acheté une terre
dont le produit sera affecté à la pitance des lépreux.

Sceaux des arbitres, petits, ronds, cire brune ; l'un portant
une fleur de lys ; le second, un oiseau ; le dernier, l'empreinte
du pouce.

1237. 5° férie après S. André

Jean, archidiacre de Châlons fait savoir que Jean, chevalier,
seigneur de Mutry et du Brusson, et Elisabeth sa femme, ont
vendu leur part du moulin de Brusson, provenant de la dot
d'icelle, et seront tenus de payer, quand ils y feront moudre,
« sicut alii. »

Sceau brisé.

1238. Décembre

H. abbé de Cheminon, fait savoir que Garnesson de Bar,
chevalier, fils de feu Adam du Donjon, chevalier, amodia à
l'abbaye son moulin de Cheminon-la-Ville à perpétuité, pour
un cens perpétuel de 30 setiers blé - avoine, mesure de
Vitry.

1245

J. abbé de S. Corneille de Compiègne, déclare accepter l'arbitrage de Guillaume, abbé d'Ourscamp, pour terminer, avant
le mois d'octobre, le différent existant entre ce monastère et
celui de Cheminon au sujet des dimes des terres achetées à

Maurupt par des hommes dudit lieu, d'autres dimes à Tournay et au bois le Comte à Cheminon.

1251

Thibaut, comte de Champagne et roi de Navarre, fait savoir qu'il a pris sous sa protection tous les biens de Raoul, doyen de Notre-Dame de Vitry et Simon, dit Gigant, sergent dudit doyen, homme de corps dudit comte avec ses biens ; de plus qu'il autorise le doyen à disposer de ses dits biens, prés, vignes, terres et cens et ´ s biens dudit Simon et de sa personne, sis à Saint-Quentin et aux environs, à Vitry, Merlaut, Changy, Outrepont, etc., sous la réserve des cens dus sur les dits biens aux prieurés de Sainte-Geneviève, à la maison de S. Lazare de Vitry, à l'abbaye de Saint-Pierre-au-Mont. Le doyen donne tous ces biens à l'abbaye de Cheminon.

Sceau au cavalier : rond, cire brune.

1255. Décembre

Pierre de Courtpalais, bailli de Vitry, fait savoir que Ernaud de Cullei, clerc, et Blegier, de Bar-le-Duc, son frère, neveux de Raoul de S. Quentin, doyen de Vitry, reconnaissent le don de leur oncle.

1257. Juin

L'official de Châlons notifie que Orric dit le Thyois, père de Raoul dit Mauvoisin, a donné tous ses biens meubles et immeubles pour après lui, à cause des bienfaits de l'abbaye envers lui, se réservant cependant le droit d'en disposer librement à son lit de mort jusqu'à la valeur de 100 sols.

1261. Septembre

Robert, chevalier, seigneur de Somme-Vesle, châtelain de Vitry, déclare avoir reçu de l'abbaye 50 livres de provenisiens forts pour les terres mouvantes de lui, léguées par feu Raoul de S. Quentin, doyen de Vitry, et pour l'usage des patures de Changy, Merlaut, Outrepont, donnés par le dit Robert, pour eux et les bêtes grosses et menues présentes en la maison des moines à S. Quentin.

Sceau rond, moyen, cire rouge, cavalier; sur l'écusson et au contre-sceau les rateaux de Rethel.

1261. Septembre

Odard de Saint-Hilaire, chevalier, fait savoir qu'il y avait discord entre l'abbaye et dame Perrette de Ville-sur-Tourbe, Robert de Monchablon, chevalier, seigneur de Bouconville, Mahaut, sa femme, au sujet du legs de Raoul de Saint-Quentin; il déclare avoir décidé que les susnommés devaient renoncer à leurs réclamations, « sauf ce qu'il retenroient à aux lor censes, lor terraiges et tel iustice com ils avoient et avoir i devoient au tems que messire Raoul morut. » Ils cédèrent à l'abbaye l'usage des communes pâtures et autres aisances de S. Quentin jusqu'à la S. Remy, fixant le nombre des bêtes de la maison de S. Quentin devant en user à 400 moutons, 4 vaches, les agneaux naissant et les chevaux de l'exploitation. Pour ce l'abbaye paya 50 livres de provenisiens forts et 24 setiers de blé.

1266

L'official de Châlons déclare qu'Aubert dit Jusecourt, demeurant à Cheminon-la-Ville, a pris à bail perpétuel, de l'abbaye, 20 journels de terre audit Cheminon, sous un cens annuel de 3 deniers par journel, l'abbé ayant droit de les reprendre en cas où on négligerait de les cultiver.

1268. Lundi avant S. Laurent

Autorisation donnée par le comte de Champagne d'acquérir une maison à Sermaize pour la vente des vins de l'abbaye et autres produits, ou un emplacement pour en bâtir une. Fait à Vitry.

Sceau au cavalier, grand, cire rouge.

1269

Chemin de Tournai à Lacorre, borné à 12 pieds de largeur par le sire de Joinville.

Je Jehans de Joinville, chevaliers, sires de Maali, faz à savoir à touz que com je eusse fait deviser une voie qui est entre

Broisson lavile et Faveresse que on apele la voie de la Caurre, et tent vers le prei Mainart entre Tornai et Faveresse, et labbes et li covenz de Cheminon fussent plaintif de moi et de ceaus par les quex je avoie fait faire la devise devant dite por ce que li devisour avoient mesurei la dite voie plus large que ele ne soloit estre, ensi com labbes et li covenz devant diz disoient. Je et labbes et li covenz devant diz sommes acordei et apaisei par le conseil de bones gens en teil menjere que la voie de sor dite demorra dou large de douze piez, saus plus; et sil avenoit que aucun empeschoit cest acort et la paiz desor dites, labbes et li covenz auroient recours à moi, et à madame Renarde ma femme et à nos hoirs; et se nos ne les pooiens garantir, ie et Renarde ma femme et notre hoir seriens tenu de rendre vint livres de tournois ou de fors à ceaus de Cheminon, et plus ne nos porroient demander par loquison de la dite voie, ne nos hoirs. Et ie et Renarde ma femme et nostre hoir ne porriens demander à labbes et au covenz domages ne costanges que nos auriens eus ou nostre hoir par loquison de la voie devant dite. Et labbes et li covenz mont promes que se aucuns lor empeschoiet et fasoit contre ceste paiz et se me monstreroient avant ou à mon serjant au mon osteil à Broisson ou à Pontion, et se je ne lor en faisoie raison convenablement, il se porroient plaidre où il auderoient bien faire dès lors en avant ; à totes ces choses devant dites sest acordee et le vult loiaument Renarde ma femme et de sa volontei, de cui heritage la dite voie muet et les a promis à tenir fermement à touz iors par sa foi soi fiancie, et que ele ne vanra par soi ne par autrui contre ces covenances devant dites. Et mes sires Jehans, chevaliers, sires de Dampierre en Estenois par cui conseil ceste pais fu faite et ordenée, et en tesmoignage de ceste chose jai scelees ces presentes lettres de mon scel et je Jehans, chevaliers, sires de Dampierre en Estenois fay à sasavoir que la paiz de la voie devant dite ensi com ele est dessour ordenée, je la los et otroi com ele mueve de mon fiei et en confermement et en tesmoignage de ces choses, je ai mis mon scel à la requeste des parties avec le scel mon signor Jehan de Joinvile, signor de Maali devant dit. Ce fu fait lan del incarnation nostre signor, mil. douz. cenz. et sexante et nues en moi de. (sic).

Sceaux des sires de Joinville et de Dampierre, bien conservés.

1269. Lundi de Pâques

Le comte de Champagne, déclare l'accord intervenu entre l'abbaye, la dame Agnès d'Etrepy, Guiot, son fils et ses autres enfants, au sujet du don fait par le seigneur dudit lieu, Colet, par l'arbitrage de Amauri, abbé de Trois-Fontaines et Guillaume de Brion, chevalier. L'abbaye conservera les immeubles donnés à condition seulement d'échanger contre un équivalent les terres sises le long de la rivière en aval et vers le bois, et de payer à la S. Jean-Baptiste 3 sols de cens. Il est reconnu aussi que l'abbaye devait avoir, à Etrepy, une grange pour les dimes et une maison pour les bêtes et les receveurs de dimes, lesquelles le seigneur devra leur procurer « se l'abbes et li couvenz ne la poient trover par rainable loier. » Enfin l'abbaye devra conserver en paix tous les dons des seigneurs d'Etrepy, du seigneur Jehan et de Sibille, sa mère.

Grand sceau, rond, au cavalier.

1285. Mai

Philippe, fils aîné du roi de France, comte de Champagne, délivre à l'abbaye des lettres d'amortissement pour les acquets concernant le moulin de Cheminon-la-Ville, (don de Garnier de Bar, chevalier), la grange de Beaumont (de Guillaume de Belaume, moine), le moulin de Ponthion, Maurupt, les moulins du bourg de Vitry, en conservant la justice et la garde, ce qu'approuve sa femme Jeanne.

Reste le sceau de celle-ci, oval, cire brune; la comtesse sous un dais, avec écussons de Navarre et de Champagne.

TABLE DES NOMS D'HOMMES ET DE LIEUX [1]

1 Le chiffre renvoie au numéro de la page.

ERRATA

Pages 58 ligne 18, Henri, comte de Mousson, au lieu de : Henri comte de Mousson.
— 63 — 4, decimis, terragiis, au lieu de : decimis terragiis.
— 72 — 17, donation, au lieu de donotion.
— 77 — 12, N. de Abbatia, au lieu de : N. de Abbation.
— 78 — 11, 1207 au lieu de : 1211.
— » — 27, Innocent III, au lieu de : Alexandre III.
— 107 et 108, les six chartes datées 1229, sont de 1239.
— 114, il faut lire à la cinquième charte : septembre 1245, au lieu de : 1254.
— 121 ligne 11, le roi Louis au lieu de : Philippe.
— 144 — 30, chartes au lieu de : chart...

www.ingramcontent.com/pod-product-compliance
Lightning Source LLC
Chambersburg PA
CBHW052355090426

42739CB00011B/2379